职业技能培训鉴定教材 ZHIYE JINENG PEIXUN JIANDING JIAOCAI

U0816215

收银员

SHOUYINYUAN

（基础知识）

编审委员会

沈小君　孙占升　许丽娜　宋淑君

编 写 人 员

主编　沈小君

编者（以姓氏笔画为序）

车亚军　曲芳婷　李　欣　何　萍

钱孝先　章国平　董　阅

中国劳动社会保障出版社

图书在版编目(CIP)数据

收银员：基础知识/人力资源和社会保障部教材办公室组织编写．—北京：中国劳动社会保障出版社，2012

职业技能培训鉴定教材

ISBN 978-7-5045-9705-2

Ⅰ.①收… Ⅱ.①人… Ⅲ.①零售商店-付款-商业服务-职业技能-鉴定-教材 Ⅳ.①F713.32

中国版本图书馆 CIP 数据核字(2012)第 084832 号

中国劳动社会保障出版社出版发行
（北京市惠新东街1号 邮政编码：100029）
出版人：张梦欣

*

北京市艺辉印刷有限公司印刷装订 新华书店经销
787毫米×1092毫米 16开本 10.25印张 224千字
2012年6月第1版 2023年7月第24次印刷
定价：20.00元

营销中心电话：400-606-6496
出版社网址：http://www.class.com.cn

前　言

1994年以来，原劳动和社会保障部职业技能鉴定中心、教材办公室和中国劳动社会保障出版社组织有关方面专家，依据《中华人民共和国职业技能鉴定规范》，编写出版了职业技能鉴定教材及其配套的职业技能鉴定指导200余种，作为考前培训的权威性教材，受到全国各级培训、鉴定机构的欢迎，有力地推动了职业技能鉴定工作的开展。

原劳动和社会保障部从2000年开始陆续制定并颁布了国家职业标准。同时，社会经济、技术不断发展，企业对劳动力素质提出了更高的要求。为了适应新形势，为各级培训、鉴定部门和广大受培训者提供优质服务，教材办公室组织有关专家、技术人员和职业培训教学管理人员、教师，依据国家职业标准和企业对各类技能人才的需求，研发了职业技能培训鉴定教材。

新编写的教材具有以下主要特点：

在编写原则上，突出以职业能力为核心。教材编写贯穿“以职业标准为依据，以企业需求为导向，以职业能力为核心”的理念，依据国家职业标准，结合企业实际，反映岗位需求，突出新知识、新技术、新工艺、新方法，注重职业能力培养。凡是职业岗位工作中要求掌握的知识和技能，均作详细介绍。

在使用功能上，注重服务于培训和鉴定。根据职业发展的实际情况和培训需求，教材力求体现职业培训的规律，反映职业技能鉴定考核的基本要求，满足培训对象参加各级各类鉴定考试的需要。

在编写模式上，采用分级模块化编写。纵向上，教材按照国家职业资格等级单独成册，各等级合理衔接、步步提升，为技能人才培养搭建科学的阶梯型培训架构。横向上，教材按照职业功能分模块展开，安排足量、适用的内容，贴近生产实际，贴近培训对象需要，贴近市场需求。

在内容安排上，增强教材的可读性。为便于培训、鉴定部门在有限的时间内把最重要的知识和技能传授给培训对象，同时也便于培训对象迅速抓住重点，提高学习效率，在教材中精心设置了“培训目标”等栏目，以提示应该达到的目标，需要掌握的重点、难点、鉴定点和有关的扩展知识。

本书在编写过程中得到中国国际职业资格评价协会、东亚星空国际文化传媒有限公司、乐天超市有限公司、北京深蓝信诚科技有限公司、资深摄影师孙振宇的大力支持和热情帮助，在此一并致以诚挚的谢意。

编写教材有相当的难度，是一项探索性工作。由于时间仓促，不足之处在所难免，恳切希望各使用单位和个人对教材提出宝贵意见，以便修订时加以完善。

人力资源和社会保障部教材办公室

内容简介

本教材由人力资源和社会保障部教材办公室组织编写。教材以《国家职业技能标准·收银员（2009年修订）》为依据，紧紧围绕“以企业需求为导向，以职业能力为核心”的编写理念，力求突出职业技能培训特色，满足职业技能培训与鉴定考核的需要。

本教材详细介绍了收银员每个级别要求掌握的基础知识。全书分为6个模块单元，主要内容包括：职业道德，收银员概述，收银业务基础知识，收银服务礼仪，安全知识，相关法律、法规知识。

本教材是收银员职业技能培训与鉴定考核用书，也可供相关从业人员参加岗位培训使用。

目 录

第 1 单元

职业道德

第1节 道德与职业道德

培训目标

- 1. 了解道德的含义
- 2. 熟悉职业道德的内涵、基本要素和特征

一、道德

道德是一个庞大的体系，职业道德是这个庞大体系中的一个重要组成部分，也是劳动者素质结构中的重要组成部分，职业道德与劳动者素质之间的关系紧密。加强职业道德建设，有利于促进良好社会风气的形成，增强人们的社会公德意识。同样，人们社会公德意识的增强，又能进一步促进职业道德建设，从而引导从业员工的思想和行为朝着正确的方向前进，促进社会文明水平的全面提高。

马克思主义伦理学认为，道德是人类社会特有的，由社会经济关系决定的，依靠内心信念和社会舆论、风俗习惯等方式来调整人与人之间、个人与社会之间以及人与自然之间关系的特殊行为规范的总和。它包含以下三层含义：

第一，一个社会道德的性质、内容，是由社会生产方式、经济关系（即物质利益关系）决定的；也就是说，有什么样的生产方式、经济关系，就有什么样的道德体系。

第二，道德是以善与恶、好与坏、偏私与公正等作为标准来调整人们之间的行为的。一方面，道德作为标准，影响着人们的价值取向和行为模式；另一方面，道德也是人们对行为选择、关系调整做出善恶判断的评价标准。

第三，道德不是由专门的机构来制定和强制执行的，而是依靠社会舆论和人们的内心信念、传统思想和教育的力量来调节的。根据马克思主义理论，道德属于社会上层建筑领域，是一种特殊的社会现象。

根据道德的表现形式，通常我们把道德分为家庭美德、社会公德和职业道德三大领域。作为从事社会某一特定职业的从业者，要结合自身实际，加强职业道德修养，负担职业道德责任。同时，作为社会和家庭的重要成员，从业人员也要加强社会公德、家庭美德修养，负担起自己应尽的社会责任和家庭责任。

二、职业道德

1. 职业道德的内涵

职业道德是从事一定职业的人们在职业活动中应该遵循的，依靠社会舆论、传统习惯和内心信念来维持的行为规范的总和。它调节从业人员与服务对象、从业人员之间、从业人员与职业之间的关系。它是职业或行业范围内的特殊要求，是社会道德在职业领域的具体体现。

2. 职业道德的基本要素

（1）职业理想。即人们对职业活动目标的追求和向往，是人们的世界观、人生观、价值观在职业活动中的集中体现。它是形成职业态度的基础，是实现职业目标的精神动力。

（2）职业态度。即人们在一定社会环境的影响下，通过职业活动和自身体验所形成的、对岗位工作的一种相对稳定的劳动态度和心理倾向。它是从业者精神境界、职业道德素质和劳动态度的重要体现。

（3）职业义务。即人们在职业活动中自觉地履行对他人、对社会应尽的职业责任。我国的每一位从业者都有维护国家、集体利益，为人民服务的职业义务。

（4）职业纪律。即从业者在岗位工作中必须遵守的规章、制度、条例等职业行为规范。例如国家公务员必须廉洁奉公、甘当公仆，公安、司法人员必须秉公执法、铁面无私等。这些规定和纪律要求，都是从业者做好本职工作的必要条件。

（5）职业良心。即从业者在履行职业义务中所形成的对职业责任的自觉意识和自我评价活动。人们所从事的职业和岗位的不同，其职业良心的表现形式也往往不同。例如，商业人员的职业良心是“诚实无欺”，医生的职业良心是“治病救人”，从业人员如果能做到这些，良心就会得到安宁；反之，内心则会产生不安和愧疚感。

（6）职业荣誉。即社会对从业者职业道德活动的价值所做出的褒奖和肯定评价，以及从业者在主观认识上对自己职业道德活动的一种自尊、自爱的荣辱意向。当一位从业者职业行为的社会价值赢得社会公认时，他就会由此产生荣誉感；反之，他就会产生耻辱感。

（7）职业作风。即从业者在职业活动中表现出来的相对稳定的工作态度和职业风范。从业者在职业岗位中表现出来的尽职尽责、诚实守信、奋力拼搏、艰苦奋斗的作风等，都属于职业作风。职业作风是一种无形的精神力量，对其所从事事业的成功具有重要作用。

3. 职业道德的特征

职业道德作为职业行为的准则之一，与其他职业行为准则相比，具有以下特征：

（1）鲜明的行业性。行业之间存在差异，各行各业都有特殊的道德要求。例如，商业领域对从业者的道德要求是“买卖公平，童叟无欺”，会计行业的职业道德要求是“不做假账”，驾驶员的职业道德要求是“遵守交规、文明行车”，等等，这些都是职业道德行业性特征的表现。

（2）适用范围上的有限性。一方面，职业道德一般只适用于从业人员的岗位活动；另一方面，不同的职业道德之间也有共同的特征和要求，存在共通的内容，如敬业、诚信、互助等，但在某一特定行业和具体的岗位上，必须有与该行业、该岗位相适应的具体的职业道德规范。这些特定的规范只在特定的职业范围内起作用，只能对从事该行业和该岗位的从业人员具有指导和规范作用，而不能对其他行业和岗位的从业人员起作用。例如，律师的职业道德要求他们对其当事人必须努力进行辩护，而警察则要尽力去搜寻犯罪嫌疑人的犯罪证据。可见，职业道德的适用范围不是普遍的，而是特定的、有限的。

（3）表现形式的多样性。职业领域的多样性决定了职业道德表现形式的多样性。随着社会经济的高速发展，社会分工将越来越细，越来越专，职业道德的内容也必然千差万别；各行各业为适应本行业的行业公约、规章制度、员工守则、岗位职责等要求，都会将职业道德的基本要求规范化、具体化，使职业道德的具体规范和要求呈现出多样性。

（4）一定的强制性。职业道德除了通过社会舆论和从业人员的内心信念来对其职业行为进行调节外，它与职业责任和职业纪律也紧密相连。职业纪律属于职业道德的范畴，当从业人员违反了具有一定法律效力的职业章程、职业合同、职业责任、操作规程，给企业和社会带来损失和危害时，职业道德就将用其具体的评价标准，对违规者进行处罚，轻则受到经济和纪律处罚，重则移交司法机关，由法律来进行制裁。这就是职业道德强制性的表现所在。但在这里需要注意的是，职业道德本身并不存在强制性，而是其总体要求与职业纪律、行业法规具有重叠内容，一旦从业人员违背了这些纪律和法规，除了受到职业道德的谴责外，还要受到纪律和法律的处罚。

（5）相对的稳定性。职业一般处于相对稳定的状态，决定了反映职业要求的职业道德必然处于相对稳定的状态。如商业行业“童叟无欺”的职业道德、医务行业“救死扶伤、治病救人”的职业道德等，千百年来为从事相关行业的人们所传承和遵守。

（6）利益的相关性。职业道德与物质利益具有一定的关联性。利益是道德的基础，各种职业道德规范及表现状况，关系到从业人员的利益。对于爱岗敬业的员工，单位不仅应该给予精神方面的鼓励，同时也应该给予物质方面的褒奖；相反，违背职业道德、漠视工作的员工则会受到批评，严重者还会受到纪律的处罚。一般情况下，当企业将职业道德规范，如爱岗敬业、诚实守信、团结互助、勤劳节俭等纳入企业管理时，都要将它与自身的行业特点、要求紧密结合在一起，变成更加具体、明确、严格的岗位责任或岗位要求，并制定出相应的奖励和处罚措施，与从业人员的物质利益挂钩，强调责、权、利的有机统一，便于监督、检查、评估，以促进从业人员更好地履行自己的职业责任和义务。

第 2 节　收银员职业道德

培训目标

→ 1. 熟悉收银员的职业道德意识、道德修养
→ 2. 掌握收银员的职业守则

收银工作是一项十分重要的工作，它直接关系着企业的利益与消费者的利益，在收银员手中每天都有大量的现金、支票、单证出入，稍有差错都将会给企业或顾客带来损失，直接影响企业的形象与信誉。所以，对收银员的职业道德要求比起一般的人员更

高、更严格。

一、收银员职业道德意识

树立良好的职业道德意识既是遵守职业道德的前提，也是不断提高工作效率的重要基础。根据收银员的岗位特性，收银员应树立以下职业道德意识。

1. **顾客意识**

收银员是商家的一个对外形象，从某种意义上说，收银员素质的高低，决定着顾客的多少，决定着商家的生存和发展，收银员应清晰地认识到自己是企业的代表，自身形象代表着企业的形象，树立“顾客是上帝”的理念，有助于树立正确的工作态度，真诚、热情周到地为顾客服务。

2. **提高自身技能意识**

收银员应该认识到，行行出状元，收银工作看似平凡，但也需要掌握各方面的知识和技能，收银员要在工作之余，充实自己，努力学习和练就各种技能，如掌握有关人民币知识、点钞技能、假钞辨别、发票开具等技能。在提高操作技能的同时，锻炼自己的沟通技能、语言技能。在收银时做到既快又准，让顾客满意，争当岗位明星，更好地为顾客服务。

3. **规范意识**

规范意识即要求按规则、规定来从事工作。对收银工作来说，做到这一点尤为重要。如果人人都以个人意识为尺规，统一的服务形象就难以维持，收银中的差错就难以避免。

4. **目标意识**

目标意识即要求有目标地从事工作，并具有不断向更高的工作目标努力的意识。没有目标就没有动力；有了明确的目标，即使工作艰苦也会有良好表现，这是做好工作的精神保证。

5. **成本意识**

节省成本是成本意识的核心。只有降低成本才能向顾客提供质优价廉的商品和服务，也只有使公司低成本运行才能获得更多的利润。

6. **品质意识**

商品品质需要工作品质来保证；收银员应该树立良好的工作态度，以确保商品和服务的品质。

7. **合作意识**

一个企业是一个团体，收银员要知道团体合作的重要性，以大局为重，在工作中能够吃苦耐劳，服从工作安排，认真履行岗位职责，尽己所能协助企业做好各方面的工作。

二、收银员职业道德修养

“修养”是人们为获得某种能力和品质所进行的自我学习、磨炼、改造、陶冶的过程。所谓道德修养，即道德上的自我修养，是指个人在道德意识和道德行为等方面，进行的自我教育、自我改造和自我提高。讲道德就得讲道德修养，因为一个人道德水平的高低，在很大程度上取决于道德修养的自觉程度。

道德修养包括品德修养和意志修养。

1. 品德修养

收银员的品德修养主要把握以下三点：

（1）与人为善。人人都需要他人的友情、关爱、帮助、支持、鼓励、赞扬、指教、尊重和信赖，人人与人为善，就能达到上述这些美好的期望。收银员通常应从以下四个方面去实现“与人为善”的待人准则。

1）助人为乐，受施勿忘，施人勿念。

2）淡化自我，坚持真理，尊重守信。

3）主动交往，以心换心，以德报怨。

4）顺其自然，淡泊洒脱，笑对人生。

（2）做事求上。作为收银员，对工作与学习、知识与道德、今日与明日等关系应当有一个比较明确的认识。

1）在工作中学习，在学习中工作，才能把工作做得更好。

2）知识是道德的基础，知识是道德的明灯，没有知识的道德是愚昧的道德，没有道德的知识还不如愚昧。

3）今日的辛劳，必将换来明日的收获。只有不断求上，才能有益于顾客，有益于公司，有益于社会，有益于自我，有益于家庭，才有可能达到和谐的道德境界。

（3）见物不贪。人人都需要赖以生存、发展和享受的物质财富，但在追求物质财富时有几点需要特别注意。

1）聚财不贪。“家有黄金万两，一日不过三顿”。

2）享乐不可极。享乐是一种诱惑，必要的享乐能使人生更丰富多彩，能使工作更充满活力，但不可走极端。

3）不义之财不可取。财物是一种诱惑，只有反抗诱惑，才能有更多的机会做出高尚的行为来。

2. 意志修养

（1）认同。即要求有清晰的角色意识。收银员务必认清：应该做什么，不应该做什么；应该说什么，不应该说什么。角色认同的基本要求是：用“假如我是……”的思路将心比心，推己及人，设身处地地进行角色互换，站在对方的角度来思考和处理问题。

（2）宽容。即要求宽以待人，得饶人处且饶人，把一切“面子”都留给顾客。

（3）平衡。即要求理智、观念与情感、情绪保持平衡。理智上强调“顾客永远是对的”，但很多第一线的收银员在情绪上都因“顾客并不一定都是对的”而愤愤不平。观念上知道“源源不断的顾客是公司最大的资产”，但由于很多收银员的良好服务并未得到应有的回应和社会支持，造成观念上和情感上的冲突。做得不好时，会得到来自各方面的责骂；做得好时，却没有什么反应，由此产生委屈心态。工作时间长，精神负担重，体力疲劳，使一些收银员懒得去理会顾客的要求、感觉和反应。

（4）自制。即要求冷静、沉着，不受对方的情绪所影响。做到你发火，我耐心；你粗暴，我礼貌；你埋怨，我周到；你有气，我热情。

三、收银员职业守则

1. 遵纪守法，严谨敬业

（1）遵纪守法。收银员在工作中要接触钱和物，会遇到各种各样的顾客。收银员要自尊自重、遵纪守法，加强财务制度、财务纪律等方面的知识学习，严格执行国家的有关政策、法规以及企业的工作纪律、规章制度。收银员必须时刻给自己敲响警钟，经受住金钱的诱惑和考验，做到秉公办事，不利用工作之便谋取私利，不损公肥私。要坚持原则，敢于同犯罪现象做斗争。

（2）严谨敬业。就是要热爱自己所从事的本职工作，全身心地投入到工作中去。收银员的主要工作是货款结算，无论顾客采取何种付款方式，都要求收银员准确完成货款结算工作。收银员必须树立实事求是的职业道德风范，不管在任何时候、任何条件下，都应该以真实为标准，绝不弄虚作假，凭自己的努力，保证收银的合法、真实、准确、完整。

2. 热心服务，礼貌待客

（1）热心服务。热心服务就是要做到主动、热情、耐心、周到。

主动，就是要主动和顾客打招呼，主动询问顾客需求。

热情，就是在接待顾客时，态度和蔼，语言亲切，不论顾客买多买少，买大买小，花钱多少都要同样对待。

耐心，就是耐心回答顾客提出的问题，虚心听取顾客的意见，不去计较顾客态度的好坏和言语的轻重。

周到，就是千方百计地为顾客着想，尽一切可能为顾客提供完美的服务。

（2）礼貌待客。收银工作属于现代服务行业，收银台属于窗口岗位。收银员在工作时，应做到仪表端庄大方，着装整洁得体，佩戴工牌，站姿端正，身体与收银台、收款机保持足够距离，不靠在收银台上。在收银过程中，对顾客要始终保持亲切友善的笑容，使用礼貌用语，耐心回答顾客的提问，结算时必须唱收唱付，将钱和小票一起交给顾客。要帮助顾客将商品装入购物袋内，对体积过大的物品要用绳子捆好以方便顾客提拿，顾客离开时要礼貌致谢，欢迎下次再来，等等，力争自己所做的一切让顾客感到舒心。

3. 公平交易，诚实守信

（1）公平交易。坚持等价交换、公平交易对于树立良好的企业形象，取得消费者的信任，在激烈的市场竞争中使企业得到更好的发展起着至关重要的作用。收银员在日常工作中必须做到以下四点：第一，要严格按商品标价结算，并接受监督；第二，要体现商品交换的等价原则，切实贯彻国家的物价法律法规；第三，要买卖公平，诚信无欺，不得故意多找或少找钱款；第四，要操作准确，集中精力，不出差错。

（2）诚实守信。诚实守信既是中华民族的传统美德，同时也是现代商家立足市场的根本。作为商业企业的第一线，诚实守信是收银一线员工需要具备的基本素质。需要员工做到诚实收款，不虚开漏开金额，不随意增减购物项目，认真履行商家的承诺和约定，保证交易的公平和公正，给顾客留下“重诚信、重公平”的企业形象。其具体要求是：

1）诚实地进行业务操作，不虚开漏开金额，不随意增减购物项目，尊重顾客意愿，遵循买卖自愿的原则，不强买强卖。

2）兑现承诺与约定，履行应尽的责任和义务。

第2单元

收银员概述

第1节　收银工作

培训目标
- 1. 了解收银的产生与发展
- 2. 熟悉收银工作的性质与作用

一、收银的产生与发展

收银是商家在出售了商品或提供了服务之后向消费者收取款项的一种商业活动。将收款称为收银，是因为在我国历史上曾经长期以白银作为流通手段，因此，人们习惯于将收款称为收银。

在我国，收银工作在商业零售业不发达时期并不是一个独立的岗位。在20世纪80年代以前，由于人们的物质需求比较单一，大多数商店货物较少且单位价值不大，商品销售量也小。柜台上的营业员既是售货员，又兼收款员（见图2—1）。在一些较大的百货商店，虽然也设有收银台并配有收银员，但收银工作也只是商业零售业中的一项附带工作。

图2—1　20世纪80年代前的收款员

20世纪80年代后，我国市场经济迅速发展，商品日趋繁荣，收银工作作为一个重要工作岗位独立出来，并成为一种新的职业（见图2—2）。随着商品经济的日趋繁荣，一方面，大型百货商场、购物中心、超级市场等数量的快速增长，需要配备大量收银员；另一方面，企业为加强资金管理和经营管理，内部分工日趋细化和专业化，收银工作成为零售企业中一个独立的重要工作岗位，并对收银员的综合素质提出了新的要求。

图 2—2　超市收银员

支付手段已不再是单一的现金货币，出现了大量携带和使用极为方便的各种银行信用卡等电子货币。收银工作方式也不再是传统的手工操作，取而代之的是现代化、高效率的电子收银机操作。银行信用卡和电子收银机的使用，不仅大大加快了流通领域的货币流通速度，而且使人类的生产活动和商业活动变得更加方便快捷，更加现代化。

二、收银工作的性质与作用

1. 收银工作的性质

收银工作有广义和狭义之分。广义的收银工作包括收银员、总收款室人员、收银主管、收银班（组）长以及收银监察主管和收银监察员等所从事的工作；狭义的收银工作是指收银台所从事的收款工作。一般情况下所说的收银工作是指狭义的收银工作。

收银工作是出纳工作的重要组成部分，是出纳工作环节中设在营业场所第一线的、负责收取营业资金的专门工作。收银工作与出纳工作的主要区别在于收银工作只负责货币资金的收入，而不负责货币资金的支付，其工作过程主要是收入、保管、清点、核对以及上缴，不设置账户进行核算。

2. 收银工作的作用

（1）保护货币资金的安全。货币资金是企业一项重要的流动资金，是企业资金的重要组成部分。因此，保护货币资产的安全与完整，是预防企业财产损失和保护企业经营成果的重要环节。收银工作是企业经济活动的前哨，肩负着收取和保护货币资金的重要使命，应加强管理，防止出现差错，防止丢失和被盗，切实保护好企业货币资金的安全与完整。

（2）树立企业的良好形象。收银台是企业的一个窗口，收银工作质量的好坏直接影响着企业的形象。因此，让每一位顾客满意是收银工作的服务宗旨。这就要求每一位收银员树立服务思想，增强服务意识，进行微笑服务、热情服务，准确无误地收取钱币，提高收银工作的效率和质量，最大限度地树立企业的良好形象。

（3）提高企业的经济效益。收银工作担负着各项货币资金和有价证券的收取任务，是企业经济活动的第一道“关卡”。收银工作做好了，企业的经营活动就能够正常运转，提高企业的经济效益。反之，收银工作一旦出了问题，货币资金收取不及时，就会直接影响企业的正常经营和周转，最终影响企业经济效益的实现。

第 2 节　收银员

培训目标

- 1. 了解收银员的职业定义、职业特点和能力特征
- 2. 熟悉收银员的工作流程、职业环境
- 3. 掌握收银员的岗位职责

一、收银员职业定义

收银员是指在商业服务机构从事银钱（含现钞、支票、银行卡等）结算服务的工作人员。

二、收银员职业特点、能力特征

1. 收银员职业特点

（1）专业性。收银工作作为商家在其营业场所所设立的一个重要的经济岗位，有着专门的操作技术和工作要求，是一项专业性很强的工作。

（2）责任性。收银工作也是一项经济责任很大的工作，由于商场和超市、餐饮店、酒店等营业场所内的收银台每天都要收取大量的货币资金，而这些货币资金既关系着企业的经济利益，又关系到顾客的切身利益。

（3）效率性。由于现代生活的快节奏，加上商场和超市、餐饮店、酒店等营业场所的客流量较大，所以收银工作要求快节奏。

（4）服务性。收银员工作的特点是提供收银服务，满足消费者的需要。收银员在收银工作中，要尊重消费者的自我意识，给消费者带来快乐的心理体验，同时也是自己在

工作中获得自我存在的体验与快乐。

（5）法律性。收银是与钱打交道的工作，每天都经手大量的现金，收银员在具有良好思想品德的同时，还要具有较强的法律意识。

2. 收银员能力特征

（1）具有一定的学习和计算能力。

（2）具有一定的空间感和形体知觉。

（3）手指、手臂灵活，动作协调。

三、收银员职业等级、知识要求及技能要求

1. 收银员职业等级

按照国家职业标准，收银员共设三个等级，分别为：初级（国家职业资格五级）、中级（国家职业资格四级）、高级（国家职业资格三级）。各个级别均要掌握的基础知识包括：商品知识、商业零售企业知识、银钱知识、收款机知识、金融机知识、服务知识、礼仪知识、安全知识、相关法律法规知识等。各级别收银员的专业知识和技能要求又有所不同，原则上高级别知识技能要求覆盖低级别知识技能。

2. 收银员知识要求

（1）对初级收银员的知识要求。能了解和掌握收款机、POS 机的使用方法及注意事项，收款机、POS 机的特点和安全常识，人民币现钞防伪知识和技巧，现钞鉴别设备使用常识，银行卡的定义、分类、识别知识，银行卡防伪知识和技巧，银行卡的受理要求，银行卡风险防范常识，商品包装防损常识，商品扫描的原则和方法，商品消磁的原则和方法，商品条形码应用的特点，商品分类装袋规定，接待顾客的基本知识，营业现金、票据管理常识，营业中兑换零钱的规定，现金、票据使用常识，营业现金及票据上缴程序。

（2）对中级收银员的知识要求。了解和掌握收款机的结构，企业内部信息系统网络基本常识，防伪识别设备使用常识，商品价格知识，金融 POS 机各项功能的定义及物理构成，相关交易的结算信息核对，银行卡受理流程中的简单风险处理，支票使用常识、防伪知识和技巧，支票打印机使用常识，商品条形码的分类，扫描仪使用常识，消磁板使用常识，商品的编码和识别方法，消费者权益保护法基本知识，接待特殊顾客的基本知识，商品退货管理的有关规定，银行卡的退货操作程序，消费心理知识，商业零售业营业现金及相关票据管理常识，处理顾客投诉的技巧，营业现金上缴程序，现金、票据使用常识，签购单、结算单的使用常识。

（3）对高级收银员的知识要求。了解和掌握收款机常用软件使用常识，金融机常用软件使用常识，登录金融机的安全常识，各类银行卡的具体区别和受理要求，银行卡账务处理相关业务规定，银行卡安全受理环境要求，相关业务资料保管要求，POS 机保管及维修的风险防范要点，条形码的管理办法，商品退货管理的有关规定，商品的分类标准，发票开具要求，商品价格管理知识，消费需求知识，收银管理制度，促销业务知识，岗位设置与人员配备知识，商品销售分析知识，收银员工作标准，应用文写作知识，工作流程知识。

3. 收银员技能要求

（1）对初级收银员的技能要求。能够按规定接通收款机电源、打开和关闭收款机；能够安装收款机打印纸和POS机签购单；能够检查扫码器、解码器状态是否正常；能够按要求准备足够的钱币并放入收款机内；能够清点、收取顾客交付的现钞（要求具备每分钟200张的速度）；能够使用验钞机鉴别现钞真伪；能够合理搭配找零币值；能够进行条形码、现金数额的键盘录入（要求达到每分钟120个数字的速度）；能够识别各类银行卡；能够进行签到功能、消费功能、结算功能、签退功能的操作；能够检查商品包装有无破损并发现可能造成损坏商品、伤害顾客的不当包装；能够操作条形码扫描设备，逐一将商品扫入收款机（要求每3秒钟1件）；能够对商品防盗签解码；能够对商品进行消磁操作（包括消磁器消磁和人工消磁）；能够对商品进行分类、装袋；能够清点与交付顾客商品；能够按照程序领取备用金；能够在每日结款时清点现金及相关票据；能够按照销售款送存程序安全上缴现金及票据。

（2）对中级收银员的技能要求。能够检测收款机是否正常运行；能够诊断收款机黑屏故障产生的原因并及时报修；能够以感官鉴别现钞真伪；能够清点、收取顾客交付的现钞（要求具备每分钟210张的速度），并能使用加法器或计算器进行计算，找零钱（要求具备每分钟210张的速度）；能够确认残币；能够进行条形码、现金数额的键盘录入（要求达到每分钟130个数字的速度）；能够进行银行卡交易的退换处理；能够进行预授权功能的正确操作；能够进行预授权完成和撤销功能的正确操作；能够熟练掌握各个交易功能的操作及相关业务受理要求；能够辨别支票的类别及支票的有效性；能够填写支票的数额；能够识别商品条形码的类型；能够手工输入商品条形码（要求每10秒钟1件）；能够操作条形码扫描设备，逐一将商品扫入收款机（要求每2秒钟1件）；能够查验退货手续是否齐全并按照操作程序办理退货；能够对收银过程中出现的退换货问题进行处理；能够对收银过程中出现的重复扫描问题进行处理；能够根据要求保管各种票据；能够清点、归类各种票据并上缴。

（3）对高级收银员的技能要求。能够检查收款机、验钞机、信用卡结算器等设备是否处于正常状态；能够定期维护收款机并对常见故障进行诊查和处理；能够快速确认顾客支付的金额（要求具备每分钟220张的速度）；能够进行条形码、现金数额的键盘录入（要求具备每分钟140个数字的录入速度）；能够辨识并受理外卡；能够对初、中级收银员的操作问题进行指导；能够对持卡人的业务受理疑问进行正确的解答；能够按规定进行银行卡账务调整的业务处理，常见风险的处理；能够手工输入商品的编码（要求每8秒钟输入1件）；能够处理条形码扫描器的故障；能够处理商品价格与系统价格不符的问题；能够对商品进行防损处理；能够答复顾客提出的疑难问题；能够解决顾客的一般投诉；能够给顾客开具发票并按要求保管发票；能够填写有关票据、报表及缴款单等单据；能够对库存商品进行盘点及账实核对；能够进行商品进、销、存业务凭证的填制；能够进行促销业务的结算；能够提出收银区域商品布局的调整；能够进行收银复核和查对；能够进行商品的组合、分类与编码；能够编写商品陈列表；能够对商品销售结构进行分析；能够提出商品需求方案；能够处理收银工作中出现的问题；能够制定和修订收银岗位职责；能够提出收银员班次计划方案；能够对交易中出现的问题按照操作程序更正；能够编写收银员培训计划和培训大纲；能够对初、中级收银员进行现场操作指导；能够总结工作并传授业务知识；能够对收银员进行工作流程培训。

四、收银员工作流程

1. 营业前工作流程

(1) 上班打卡，更换工服，佩戴胸卡，做到仪容、仪表整洁。

(2) 参加班组例会，对前一天的工作进行总结，了解当日促销等活动事项，对当天工作进行安排并强调相关注意事项。

(3) 确认机台号。

(4) 领取备用金并准备好零钱，领取收银用具、补充必备用品。

(5) 清洁、整理作业区，包括整理收款机台面、清洁收款机设备、整理收银柜、清洁地板与垃圾桶，还包括收银台前货架的理货工作。

(6) 打开相应电源，登录收款机、银行刷卡机签到并检查收银设置，登录收银系统；检查扫描设备、消磁设备及刷卡设备等是否可以正常使用，如有异常应马上调整或上报。

(7) 打开结账通道，进入收银状态。

2. 营业中工作流程

(1) 热情招呼顾客。

(2) 为顾客提供优质、快捷的结账服务。

(3) 根据商品特性，帮顾客分类装袋。

(4) 礼貌送客。

注意：收银员在营业中需根据现场的实际情况处理其他相关事宜，如大额营业款的上缴、不能录入的商品处理、顾客退换货处理、支援其他收银岗位、“孤儿”商品归位、防盗等。

3. 营业后工作流程

(1) 经过主管或领班许可后，放置“暂停收银”牌，关闭结账通道。

(2) 整理各类票据、促销券及营业额。

(3) 将钱款及票据装入专用钱袋。

(4) 按顺序依次关闭 POS 机、验钞机、打印机及电源，盖上台布。

(5) 整理环境。

(6) 离开机台。确定无遗漏的物品后方可离开，到指定的总收款室或财务室清点和上缴当班所收全部货款、票据及备用金，填写缴款单。

(7) 归还收银用具，清洁整理各类备品。

(8) 确定第二日班次，更换工服，打卡下班。

五、收银员职业环境

收银员职业环境由收银场地、收银台案、收银机具、收银用具等构成（见图 2—3）。

图 2—3　收银员职业环境

1. **收银场地与收银台案**

收银场地多位于顾客经常进出门口的里面一侧，大型商场则安置在活动场地较宽敞的中心位置。

收银台案的摆放位置应考虑留有一定的顾客活动空间，以方便顾客结账、顾客集散或不影响顾客进出为准则。

收银场地一般用收银台案自然而然地分割成客用空间（台案外）和收银员工作空间（台案内）。收银员有劝阻顾客进入工作空间的权利。

有些收银业务较为频繁的收银台案上设有铁制护栏，玻璃或其他材料制成的挡板，以加强收银工作的安全性。隔离设施不应成为阻挡顾客对收银操作的监督视线或影响顾客与收银员谈话的障碍，反之均属于缺乏服务意识的表现。为便于顾客监督，许多收银台内侧都设置有反光镜，可将台案上的一切物品和收银员的操作过程清楚地反映在顾客眼前，下设隔离护栏或挡板的收银台案上，收款机具或文具一般置于顾客手触不到的台案内侧。

收银环境应有明亮、柔和的光照条件或照明设施，照明灯不亮时应立即更换，过于暗淡的环境可能会给顾客增添不必要的心理压力，过于刺眼也容易使顾客烦躁。

2. **收银机具**

常用收银机具主要包括收款机、条形码扫描器、磁卡读写器、电子秤、点（验）钞机、票据打印机等。有的还有捆钞机、硬币清分包装机、扎把机甚至包括保险柜等专用机具。

收款机一般应放置在收银员的偏右方，以迎合收银员右手操作的习惯。收款机一般有供顾客审视的电子显示屏，所以收款机的摆放位置还应便于顾客看清电子显示屏，收银员与顾客所处位置之间的台案上不应放置可能阻挡顾客监督视线和影响收银工作的收银机具、用具或其他物品，以尽量简洁为主。

收银机具应随时检查，发现异常应及时修理，严禁带病作业。

3. **收银用具**

收银用具主要有计算器（或算盘）、签字笔、海绵缸、塑料绳、胶水瓶、封口胶带、纸袋或橡皮筋、钉书器、凭证单据收集夹以及清洁用抹布、纸篓、暂停收银牌等。从优质服务的角度考虑，收银台还可配置一些客用物品以提供方便，如花镜、便签等。

收银用具应注意保管，应放置在便于使用的固定位置上。无特殊情况收银用具不外借。收银用具的备用量不宜过多，以免造成收银环境混乱。

收银台面上的物品摆放应尽量简洁，不经常使用或备用的小件收银用具一般多放在收银台案的抽屉或分格内。

收银台上的现金、票据及凭证单据等应在处理后随时收存锁闭，不得随便摆放于收银台面。废弃单据应当按十字撕毁，以防被他人恶意利用。

六、收银机构设置与收银岗位职责

1. 收银机构设置

收银机构一般设置在财务部门之下，是财务部门的隶属机构。经营规模较大的企业，可以在财务部门下设专门的收银科（部），收银科（部）下设总收款室，或是直接在财务部门下设总收款室，然后在总收款室下设收银班（组），负责管理每个营业层面上的收银台，如图 2—4 所示。收银台的设置数量应根据营业场所的大小和收银工作量的大小来定，本着既方便顾客交款又便于管理的原则来设置收银台。一般来说，大型商场的每个营业层面上 150～200 m^2 设置一个收银台；大型超级市场应在出口处设置一排收银台，具体设置数量要根据企业的面积、客流量及出口的大小来确定。每个收银台之间应间隔 1 m 左右，以方便顾客排队交款。经营规模相对较小的商场和超市，可以根据实际经营情况来设置收银台的数量。

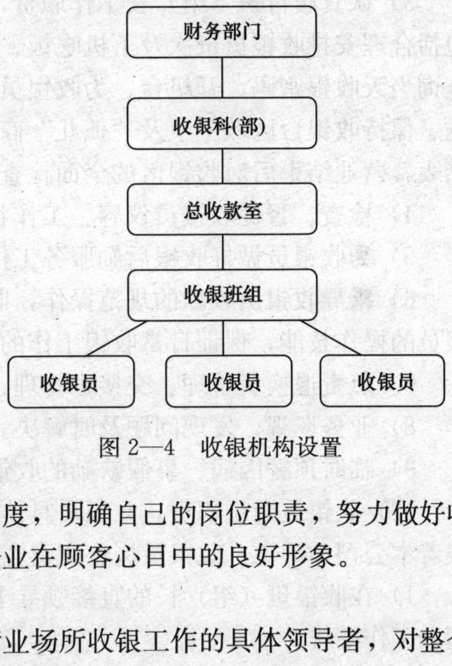

图 2—4　收银机构设置

收银机构要严格实行分级管理、层层负责的管理制度，制定详细的收银工作管理规章制度，明确自己的岗位职责，努力做好收银工作，增强服务意识，提高工作质量，树立企业在顾客心目中的良好形象。

2. 收银岗位职责

（1）收银主管岗位职责。收银主管是企业营业场所收银工作的具体领导者，对整个营业场所的收银工作负责。作为收银主管，要求熟悉本企业关于货币现金管理的制度，熟练掌握收银的全套操作流程和操作规范，具有简单的人事管理知识和较强的人事协调能力。

收银主管岗位工作职责包括以下几个方面：

1）对财务经理负责，在财务经理指导下开展收银工作。

2）带领员工严格执行员工守则和各项规章制度，及时认真完成财务部门交给的各项任务。

3）负责制定和完善收银岗位的职责、规范和操作程序。

4）制定和完善收银安全管理制度和员工考核办法，控制现金差异，保证上缴款、备用金、用电等的安全。

5）制订本部门的工作计划并具体落实。

6）负责对收银班（组）的业务培训及考核。

7）负责对收银员的业务指导，提出和制定对收银员的奖惩意见、办法。

8）检查考核收银班（组）的工作情况，发现问题及时解决。

9）做好与其他部门的协调工作。

10）为顾客提供良好的服务。

11）维持设备的正常运转。

(2）收银班（组）长岗位职责。收银班（组）长对收银主管负责，对收银员进行管理。具体来说，收银班（组）长岗位职责包括以下几个方面：

1）在收银主管的直接领导下，全面负责分管营业层面的收银工作，带头遵守公司的规章制度，并监督收银员贯彻落实。

2）主持召开班（组）会，传达公司及本部门的有关规定，落实本部门工作计划。

3）认真履行班（组）长工作职责，积极配合主管搞好本营业层面的现场管理工作，包括合理安排收银员班次及下机吃饭、监督收银员出勤情况、电子收款机的日常维护、查询当天收银密码、开机台、为收银员准备工作用品、监督检查收银员收受中出现的问题、保持收银台区域卫生及“孤儿”商品的归放与统计、班次结束后负责打印班结及日结表、营业结束后对收银区的全面检查等日常管理工作。

4）检查、督促收银员仪容、工作状态和考勤纪律，并作为收银员考核的依据。

5）为收银员做好收银后勤服务工作，并协助收银员处理各种业务问题。

6）指导收银员收款的规范操作，监督检查收银员工作中的操作规程，不断提高收银员的操作技能，保证日常收银工作的正常进行。

7）负责退换货管理、交接班管理、兑零管理。

8）业务巡视，发现问题及时解决。

9）临时顶替因病、事假缺勤的收银员工作。

(3）收银员岗位职责。收银员具体负责银钱结算业务，而且直接与顾客打交道，代表着本公司的形象。收银员岗位职责主要有以下几个方面：

1）在收银班（组）长的直接领导下，严格遵守公司的各项规章制度，服从上级管理和工作安排。

2）严格按收银工作程序进行银钱结算及收款操作，即准确、快速地录入商品信息，准确、熟练地结算商品货款，真诚热情地为顾客服务。

3）保持工作区域环境卫生，做好收款机具的日常维护、保养。

4）增强防盗防骗意识，加强对假币、假票据的甄别，切实维护企业的经济利益。

5）认真完成上级交给的其他临时性任务。

第3单元

收银业务基础知识

第 1 节 商品知识

培训目标

- 1. 了解商品与商品合格的概念
- 2. 了解商品的分类与编码
- 3. 熟悉商品包装常识
- 4. 掌握商品的标识、标注

一、商品与商品合格的概念

1. 商品的概念

商品是指用来交换，并能满足人们的某种消费需要的劳动产品。商品是一种特指范畴的产品。

（1）商品是劳动的产物。商品是由人们的劳动创造出来的，这种产品可以是有形的，也可以是无形的。有形商品通常是需要人们经过设计、加工、制作等一系列劳动而产生的产品。无形商品多半在服务行业，如知识、技术等。

（2）商品能满足人们和社会的某种需要。商品能满足人们和社会的某种需要是指商品的使用价值，即商品的有用性。

商品如果不能满足人们明确需要或隐含需要就失去了其使用价值。失去了使用价值的劳动产品，如废弃、假冒的劳动产品，不能算做商品。

（3）商品必须用于交换。为自己消费而生产的产品不是商品，为他人生产的产品，如不经交换也不是商品。因为这类劳动产品，只有使用价值，不能体现货币交换形式。商品是供他人或社会消费，而不是供生产者或经营者自身消费的劳动产品。商品是通过交换的劳动产品，也就是说商品必须进入市场，并受市场规律的制约，如价值规律、供求规律、竞争规律等。

2. 商品合格的概念

商品合格是指商品质量上的误差范围在国家规定的范围之内。

相关链接

河南工商抽查结果　内衣商品合格率 66.3%

据中国质量新闻网 2011 年 10 月 10 日消息，河南省工商行政管理局近期委托河南出入境检验检疫局检验检疫技术中心对郑州、信阳、南阳、洛阳等市流通领域销售的内衣商品进行了监督抽查。结果显示，内衣产品纤维含量问题比较突出。

据悉，本次以购买的方式进行了随机抽样，共抽查全棉类、莫代尔类、合成纤维类、婴幼儿类四类商品 62 个品牌 80 个样品，并按照有关国家标准和相关行业标准对其纤维含量、偶氮、甲醛、pH 值、耐摩擦色牢度、耐汗渍色牢度（酸、碱）6 项指标进行了检测。初步检测结果显示 80 组内衣产品中合格产品为 53 组，初检合格率为 66.3%。其中样品的甲醛含量、偶氮染料、耐摩擦色牢度指标全部合格，产品的不合格项主要为纤维含量、pH 值、耐汗渍色牢度。

纤维含量不合格项次占此次监督抽查不合格项次的 86.7%。部分产品纤维含量实测值与标称值不符，超出国家标准允差范围，存在以次充好的情况。如郑州日初商贸有限公司销售的标称由天津盛娃婴儿服饰厂生产的“盛娃”牌“天然彩条肩扣套”，纤维含量标称为“100%棉”，实测为“棉 77.2%、聚酯纤维 22.8%”；南阳市卧龙区长江内衣行销售的标称由义乌布洁诺针织有限公司生产的“仙迪”牌“美体无缝内衣”，纤维含量标称为“棉 78%、锦纶 19%、氨纶 3%”，实测为“棉 57.1%、锦纶 39.0%、氨纶 3.9%”。

抽查中还发现，有部分产品的纤维标识标注不规范，易误导消费者。如郑州市世贸商城兄弟内衣商行销售的标称由上海宇成服饰有限公司（供货）的“舒尔丹”牌“舒尔丹纯棉内衣”，纤维含量标称为“棉 100%（麻灰棉 80%、涤纶 20%）”，实测为“棉 84.6%、聚酯纤维 15.4%”，一种产品同时标注两种纤维含量成分，与国家强制性标准不符。

二、商品的分类与编码

1. 商品的分类

商品分类是指根据一定的目的，为满足商品生产、流通、经营管理及人们生活需要，选择适当的分类标志或特征，将商品科学地、系统地逐层逐级划分，直至最小单元的过程。

不同国家、不同历史阶段，商品所包括的范围并不完全相同。因此，商品分类的对象也不尽相同，商品分类的层次也不一样。

目前我国通常将商品分成大类、中类（商品品类）、小类（商品品种）、细目四级。

（1）大类。大类商品体现商品生产和流通领域的行业分工，既要同生产行业对口，又要同流通组织相适应。如根据生产和流通的需要，商品可分为五金类、交电类、化工类、日用百货类、针织纺织类、钟表文化类、食品类和水产类等。

（2）中类（商品品类）。中类商品也称商品组别，是对大类商品的进一步组别划分，体现具有若干共同性质或特征商品的总称。如食品类商品又可分为蔬菜和果品、肉和肉制品、乳和乳制品、蛋和蛋制品、食糖、茶叶和酒类等。

（3）小类（商品品种）。小类是对中类商品的进一步划分，体现具体的商品名称。如按商品的性能、成分等方面的特征来划分，酒类商品分为白酒、啤酒、黄酒、葡萄酒、果酒及其他酒等。

（4）细目。细目是对商品品种的详尽区分，包括商品的规格、花色、等级等，更具体地反映商品的特征，如 56 度十年陈酿红星二锅头酒、35 度五粮醇金淡雅酒、意大利 ASTI 地区传统起泡葡萄酒等。

2. 商品的编码

商品编码是指在商品分类基础上，赋予某种（或某类）商品的代表符号。其符号由数字、字母和特殊标记组成。商品编码是商品分类的有机组成部分，与商品分类密切相关。

商品编码按其所用的符号类型，可分为数字型代码、字母型代码、字母和数字混合型代码、条形码等四类。在商品分类编码中，普遍采用的是条形码（简称“条码”）。

三、商品的条形码

1. 条形码概述

商品条形码是指由一组规则排列的条、空及其对应字符组成的标识，用以表示一定的商品信息的符号。其中条为深色、空为浅色，用于条形码识读设备的扫描识读。其对应字符由一组阿拉伯数字组成，供人们直接识读或通过键盘向计算机输入数据使用。这一组条空和相应的字符所表示的信息是相同的。

条形码技术是20世纪40年代随着计算机与信息技术的发展和应用而诞生的，它是集编码、印刷、识别、数据采集和处理于一身的新型技术，它将商品信息数码化，使计算机能够读取和处理，以达到识别不同商品的目的。

条形码最早使用于需要快速结账的零售业，其最大优势在于节省时间，而且具有条理性和准确性，给产品加上条形码就是对它们进行了分类。因此，条形码体系被应用于超市、百货公司、服装店、药店、书店、玩具店等场所。顾客在商场购买商品时，收银员只需要用条形码阅读器进行扫描，计算机就可以自动读取条形码，从数据库中确定商品的有关信息，如品名、价格等，并能汇总购买金额，快速进行结账。同时，还能实现对销售信息的分类、汇总、库存更新、销售分析等，大大提高工作效率和经营水平。事实上，条形码体系中最重要的部分不是那些引人注目的小线条，而是那下面的一列数字。正是在这列数字中存储所有的信息，这些信息与一个数据库共同显示出产品的特征。因此，这套体系是一种非常有效的商业工具。目前还存在着其他的识别系统，但现在还没有一种能像条形码那样具有广泛应用的有效标准。

商品条形码的标准尺寸是37.29 mm×26.26 mm，缩放倍率是0.8～2.0。当印刷面积允许时，应选择1.0倍率以上的条形码，以满足识读要求。放大倍数越小的条形码，印刷精度要求越高，当印刷精度不能满足要求时，易造成条形码识读困难。由于条形码的识读是通过条形码的条和空的颜色对比度来实现的，一般情况下，只要能够满足对比度（PCS值）的要求的颜色即可使用。通常采用浅色做空的颜色，如白色、橙色、黄色等，采用深色做条的颜色，如黑色、暗绿色、深棕色等。最好的颜色搭配是黑条白空。根据条形码检测的实践经验，红色、金色、浅黄色不宜做条的颜色，透明、金色不能做空的颜色。

2. 条形码系统

因条形码技术已经成为信息时代的信息流通技术标准，因此国际上已经广泛推广使用，主要的条形码系统有美国商品代码系统（UPC）、国际通用商品代码系统（EAN）。

（1）美国商品代码系统（UPC）（见图3—1）。在美国、加拿大广泛使用。美国的

UPC 条码系统中条形码共有 5 种版本，超市商品中常用的是 UPC－A。它由 12 位字符组成，含义如下：

1）第 1 位字符（国别码）：代表商品的国家和地区。

2）第 2～6 位字符（厂商码）：代表商品的生产厂家。

3）第 7～11 位字符（产品码）：代表商品的代码。

4）第 12 位字符（校验码）：扫描成功的依据。

图 3—1　UPC－A 码

（2）国际通用商品代码系统（EAN）（见图 3—2）。EAN 商品条形码又称通用商品条形码，由国际物品编码协会制定，通用于世界各地，是目前国际上使用最广泛的一种商品条形码。我国目前通用商品条码标准也采用 EAN 条码结构。EAN 商品条形码由 13 位数字码及相应的条码符号组成，在较小的商品上也采用 8 位缩短数字码。

a)　　b)

图 3—2　EAN 商品条形码

a）EAN－13 码　b）EAN－8 码

1）EAN－13 码

①前缀码。前 3 位前缀码是用来标识国家或地区的代码。赋码权在国际物品编码协会。前缀码只能说明条码的注册地。国际物品编码组织分配给我国大陆的前缀码有 690、691、692、693、694、695 共 6 个，见表 3—1。

表 3—1　　国际物品前缀码（部分）

前缀码	编码组织所在国家（地区）/应用领域	前缀码	编码组织所在国家（地区）/应用领域
00～19	美国和加拿大	471	中国台湾
20～29	店内码	474	爱沙尼亚
300～379	法国	475	拉脱维亚
380	保加利亚	476	阿塞拜疆
383	斯洛文尼亚	477	立陶宛
385	克罗地亚	478	乌兹别克斯坦
387	波黑	479	斯里兰卡
400～440	德国	480	菲律宾
450～459	日本	481	白俄罗斯
460～469	俄罗斯	482	乌克兰
470	吉尔吉斯斯坦	484	摩尔多瓦

续表

前缀码	编码组织所在国家（地区）/应用领域	前缀码	编码组织所在国家（地区）/应用领域
485	亚美尼亚	744	哥斯达黎加
486	格鲁吉亚	745	巴拿马
487	哈萨克斯坦	746	多米尼加
489	中国香港特别行政区	750	墨西哥
500～509	英国	759	委内瑞拉
628	沙特阿拉伯	760～769	瑞士
629	阿拉伯联合酋长国	770	哥伦比亚
640～649	芬兰	773	乌拉圭
690～695	中国（大陆）	775	秘鲁
700～709	挪威	777	玻利维亚
729	以色列	779	阿根廷
730～739	瑞典	780	智利
740	危地马拉	784	巴拉圭
741	萨尔瓦多	786	厄瓜多尔
742	洪都拉斯	789～790	巴西
743	尼加拉瓜	800～839	意大利

②厂商识别代码。厂商识别代码是用来标识生产者、销售者的代码。它是由包括前缀码在内的 7 或 8 位数组成的，当前缀码为 690 或 691 时，厂商识别代码为商品条码的前 7 位数；当前缀码为 692～695 时，厂商识别代码为商品条码前 8 位数。赋码权在中国物品编码中心，即厂商识别代码是由中国物品编码中心审批。

单元 3

③产品代码。产品代码用来标识产品的代码。当前缀码为 690 或 691 时，产品代码为厂商识别代码后 5 位数，从 00000 到 99999 总共 10 万个；当前缀码为 692～695 时，产品代码为厂商识别代码后 4 位数，从 0000 到 9999 总共 1 万个。赋码权在系统成员，即这 4 位数是由系统成员自己编，自己使用。

④校验码。校验码是用来校验商品条码中前 12 个数字代码正确性的。校验码是商品条码的末位数共 1 位。校验码是根据一定的算法计算得来的。例如，在趣多多经典黄油味曲奇的代码结构中（见图 3—3），692 代表我国，02623 代表卡夫食品（江门）有限公司，1729 代表趣多多经典黄油味曲奇的商品代码，最后一位 3 为校验码。

6 920262 317293

图 3—3　趣多多经典黄油味曲奇的代码结构

2）EAN－8 码。EAN－8 条码的国别代码与 EAN－13 条码相同。产品代码由 4 位数构成，是按照一定规律由 EAN－13 条码的厂商代码和产品代码经过删除“0”得出。在计算 EAN－8 条码的验证码时要在商品项目前加 5 个“0”。

国际物品编码协会规定：只有当 EAN 标准版所占面积超过印刷面积的 25％时才可使用缩短版。我国进一步规定：只有当包装面积表面或标签可印刷面积小于 40 cm^2 时方可申请使用缩短码。

由于国际上存在这两种编码系统，因此，我国产品销往美国、加拿大应使用 UPC 码，而出口到其他国家和地区则需使用 EAN 码。

3. 店内码系统

大部分商品都是有国际条形码，可以按以上方法识别，但有部分商品如生鲜商品和部分临时商品就没有国际条形码。商品销售中这些商品（如烤鸭、水果、蔬菜、熟肉制品、乳酪、鲜鱼等）是以随机重量销售的，这些商品的编码不能由生产企业承担，而由零售商完成。

超市进货后，对商品进行整装，用专用设备进行称重，并自动编制成条码，然后将条码粘贴或悬挂在商品上。由超市编制的商品条码系统，只能应用于商品内部的自动化管理。因此这种条码称为店内码，前两种条码系统下产生的条码又称自然码。超市对这些商品按照国际条码编码规则在超市内部使用的店内码，同样达到识别的作用，如图 3—4 所示。

图 3—4 店内码

4. 条形码的特点与作用

（1）条形码的特点

1）条形码与价格无关。

2）国家不同，商品的条形码不同。

3）商品的条形码在世界范围内是唯一的。同种规格同种产品对应同一个产品代码，同种产品不同规格应对应不同的产品代码。

4）商品不同，商品的条形码不同。为了保证代码有足够的容量以适应产品频繁的更新换代的需要，最好采用无含义的顺序码。

5）生产厂商不同，商品的条形码不同。

6）产品代码一经分配，就不再更改，并且是终身的。当此种产品不再生产时，其对应的产品代码只能搁置起来，不得重复启用或再分配给其他的商品。

（2）条形码系统的作用

1）使销售过程更畅通。

2）通过使用扫描器阅读已编码的商品信息，使交易既迅速又容易。

3）库存清单可以在销售点立即更新。

4）厂商可以很好地使用它来决定生产计划。

5）如果使用于出口商品，就能使商品标准化，并被国际市场接受。

6）商品的原产地和生产厂家可以很容易地识别；有利于扩大市场。

5. 使用条形码识别技术的优点

条形码是迄今为止最经济、实用的一种自动识别技术。条形码技术具有以下六个方面的优点。

（1）输入速度快，与键盘输入相比，条形码输入的速度是键盘输入的5倍，并且能实现“即时数据输入”。准确度高，操作简便，使销售过程更畅通、迅速。

（2）条形码编码所包含的商品信息量丰富，相当于商品的“身份证”，利用传统的一维条形码一次可采集几十位字符的信息，二维条形码更可以携带数千个字符的信息，并有一定的自动纠错能力。用于商品、原产地、生产厂家的识别。

（3）销售者利用条形码系统进行库存更新、销售分析、商品订货与商品管理。

（4）使用成本低、可靠性强，利于扩大商品的销售市场。条形码标签易于制作，对设备和材料没有特殊要求，识别设备操作容易，不需要特殊培训，且设备也相对便宜。

（5）可靠性高。键盘输入数据出错率为1/300，利用光学字符识别技术出错率为万分之一，而采用条形码技术误码率低于百万分之一。

（6）灵活实用。条形码标识既可以作为一种识别手段单独使用，也可与有关识别设备组成一个系统实现自动化识别，还可以和其他控制设备连接起来实现自动化管理。

6. 中国的条形码系统应用

1988年12月我国建立了“中国物品编码中心”，负责推广条形码技术。2005年国家质量监督检验检疫总局颁布第76号令，开始全面推广应用商品条形码。根据国际通用规范和国家有关规定，国内任何单位和个人使用商品条形码必须经中国物品编码中心核准注册。未经中国物品编码中心核准注册的商品条形码，任何单位和个人不得使用。核准注册的商品条形码有效期为两年，期满后应参加续展。商品条形码的变更同样必须由中国物品编码中心核准。

我国国内采用条形码标识的商品有数百万种，应用条形码技术进行自动扫描结算与管理的各类超市、配送中心有上万家。条形码技术已经在我国国民经济的各个领域中得到了广泛的应用，取得了一定的成绩。

中国商品标识系统是中国物品编码中心结合我国国情，研究制定并负责在我国推广应用的，关于贸易项目、物流单元、位置、资产、服务关系等产品与服务的标识系统；主要用于贸易、物流、电子商务、供应链管理等全球开放的流通领域，是实现全球数据同步、支持全球电子商务、实现现代物流和供应链优化管理的一套标准化技术体系。该系统与全球统一的物品标识系统相兼容。

四、商品包装

1. 商品包装的作用

商品包装是商品生产的延续，凡需要包装的商品，只有通过包装，才能进入流通领域和消费领域，实现商品的使用价值和价值。包装是保护商品在流通过程中质量完好和数量完整的重要措施，有些商品甚至离不开包装，二者成为不可分割的统一体。

经过适当包装的商品，不仅便于运输、装卸、搬运、储存、保管、清点、陈列和携带，而且不易丢失，为各方面提供了便利。在当前国际市场竞争十分激烈的情况下，许多国家都把改进包装作为加强对外竞销的重要手段之一。因为，良好的包装不仅可以保护商品，而且还能宣传、美化商品，吸引顾客，扩大销路，增加售价，并在一定程度上显示出口国家的科技、文化艺术水平。

2. 商品包装的分类与包装要求

根据包装在流通过程中所起作用的不同，可分为运输包装（即外包装）和销售包装（即内包装）两种类型，如图 3—5 所示。前者的主要作用在于保护商品和防止出现货损货差，后者除能起到保护商品的作用外，还具有促销的功能。

a)　　b)

图 3—5　商品包装

a）运输包装　b）销售包装

（1）运输包装。在国际贸易中，商品的运输包装比国内贸易商品的运输包装要求更高，它应当体现下列要求：

1）必须适应商品的特性。

2）必须适应各种不同运输方式的要求。

3）必须考虑有关国家的法律规定和客户的要求。

4）要便于各环节的有关人员进行操作。

5）要在保证包装牢固的前提下节省费用。

（2）销售包装。销售包装是直接接触商品并随商品进入零售网点和消费者直接见面的包装。这类包装除必须具有保护商品的功能外，更应具有促销的功能。因此，对销售包装的造型结构、装潢画面和文字说明等方面都有较高的要求。

为了使销售包装适应国际市场的需要，在设计和制作销售包装时，应体现下列要求：

1）便于陈列展售。

2）便于识别商品。

3）便于携带及使用。

4）要有艺术吸引力。

销售包装可采用不同的包装材料和不同的造型结构与式样，这就形成了销售包装的多样性。究竟采用何种销售包装，主要根据商品特性和形状而定。在销售包装上，一般都附有装潢画面和文字说明，印有条码的标志，主要包括商品名称、商标、品牌数量、规格、产地、生产单位、用途、功效、使用方法、批号、品级、商品标准代号、条码等。

3. 商品包装标准化

商品包装标准化是指以制定、贯彻和修改商品包装标准为主要内容的整个过程，是根据科学技术的发展，不断完善、补充和提高商品包装标准，使商品包装日趋定型化、规格化、系列化和最优化。

为了保证商品在流通过程中完好无损、性能不变，便于商品运输、装卸、储存和销售，须对商品的包装材质、包装容器、包装方式等做出明确规定，使同类或同种商品的不同包装趋于一致。为此，必须制定和实施包装标准，实现商品包装的标准化。

商品包装标准是指为了取得商品包装的最佳效果而制定的技术法规。它依据现代包装科学技术的发展和实践以及商品的体态与性能，在有利于商品生产、流通、消费、安全和节约的原则下，经有关部门的充分协商和一定的审批程序，针对包装的材料、结构、造型、规格、尺寸、容量等设立。

五、商品标识标注

1. 商品标识标注的概念

商品标识是指为识别产品及其质量、数量、特征、特性和使用方法所做的各种表示的统称，是生产者为使产品区别于其他商品生产者的产品而赋予本单位产品的一种标记，也是由国家、行业、专门组织及协会对生产者产品的有关特性（如质量参数、服务及其他等）的专门认可标记。标记的常见表现形式为图形、文字、数字、符号及其他。

标注的内容包括生产者的名称和地址；产品质量检验合格证明；企业所执行的国家标准、行业标准、地方标准或者经备案的企业标准的编号；法定计量单位；产品的规格、等级、数量、净含量、所含主要成分的名称和含量以及其他技术要求；限期使用的产品，在产品或者产品的包装上还应当标注生产日期和安全使用期或者失效日期；使用不当，容易造成产品本身损坏或者可能危及人体健康和人身、财产安全的产品，应当标注警示标志或者中文警示说明；剧毒、放射性、危险、易碎、怕压、需要防潮、不能倒置以及有其他特殊要求的产品，其包装应当符合法律、法规、合同规定的要求，应当标注警示标志或者中文警示说明，标明储运注意事项等。除使用说明书外，产品标识应当标注在产品或者产品的销售包装上。

为了规范产品标识，引导企业正确地标注产品的标识，明示产品质量信息，保护企业、用户、消费者的权益，原国家质量技术监督局制定了《产品标识标注规定》，成为商品标识标注的法律依据。

2. 常见的商品包装标识

（1）国家免检产品标志（见图 3—6）。获得国家免检产品标志的条件是：产品质量长期稳定，企业有完

图 3—6　国家免检产品标志

善的质量保证体系，市场占有率高，经济效益在本行业内排名前列，产品标准达到或严于国家标准要求，产品经省级以上质量技术监督部门连续三次以上监督检查均为合格，产品符合国家有关法律、法规和国家产业政策。

相关链接

停发食品生产企业国家免检资格

国家质量监督检验检疫总局于2008年9月17日发布公告称，停止实行食品类生产企业国家免检。公告中称，鉴于石家庄三鹿集团股份有限公司生产的婴幼儿配方乳粉发生重大食品安全事故，部分企业生产的个别批次的婴幼儿配方乳粉检出不同含量的三氯氰胺，考虑到食品的特殊性和导致食品安全事故因素的复杂性，为进一步加大食品生产企业的监管力度，确保食品安全，切实维护消费者利益，经研究决定，停止实行食品类生产企业国家免检。

公告还称，从即日起，停止所有食品类生产企业获得的国家免检产品资格，相关企业要立即停止其国家免检资格的相关宣传活动，其生产的产品和印制的包装上已使用的国家免检标志不再有效。

（2）3C标志（见图3—7）。所谓3C标志（认证），就是中国强制性产品认证制度，英文名称为China Compulsory Certification，英文缩写为CCC。

3C认证制度是我国政府按照世贸组织有关协议和国际通行规则，为保护广大消费者人身和动植物生命安全、保护环境、保护国家安全，依照法律、法规实施的一种产品合格评定制度。主要特点是：国家公布统一目录，确定统一适用的国家标准、技术规则和实施程序，制定统一的标志，规定统一的收费标准。凡列入强制性产品认证目录的产品，必须经国家指定的认证机构认证合格，取得相关证书并加实施认证标志后，方能出厂、进口、销售和在经营服务场所使用。

（3）生产许可证标志（见图3—8）。国家规定，企业必须在其产品或者包装、说明书上标注生产许可证标志和编号。销售和在经营活动中使用列入目录产品的企业，应当查验产品的生产许可证标志和编号。

图3—7　3C认证标志

图3—8　生产许可证标志

工业产品生产许可证标志由“质量安全”（英文名 Quality Safety）字头（QS）和“质量安全”中文字样组成（见图 3—8）。产品加贴 QS 标志后有两层含义：一是表明该产品的生产加工企业经过了质监部门严格的审查，并经发证检验合格后取得了生产许可证，准予加贴“QS”标志；二是表明企业承诺其产品经检验合格，符合质量安全的基本要求。

（4）绿色食品认证标志（见图 3—9）。绿色食品认证标志是中国绿色食品发展中心在国家工商行政管理局商标局注册的质量证明商标，用以证明绿色食品无污染、安全、优质的品质特征。

绿色食品分为 A 级和 AA 级两类。这两类的主要区别是：A 级绿色食品在生产过程中允许限量使用限定的化学合成物质，AA 级绿色食品在生产过程中不使用任何有害化学合成的农药、肥料、食品添加剂、饲料添加剂、兽药及有害于环境和人体健康的生产资料与物质。

（5）中国名牌产品认证标志（见图 3—10）。中国名牌产品是由中国名牌战略推进委员会评选出来的，该称号的有效期为三年。凡荣获中国名牌产品称号的产品按国家有关部门的规定免于各地区、各部门各种形式的质量监督检查，对符合出口免检条件的依法予以优先免检，并自动列入“打击假冒，保护名优”活动中重点保护名优产品的范围。

图 3—9 绿色食品认证标志

图 3—10 中国名牌产品认证标志

第 2 节 商品流通企业知识

培训目标

- 1. 了解商品流通企业的类型、特点
- 2. 了解商品流通企业的管理组织机构
- 3. 熟悉商品流通企业的业务及商品成本核算

一、商品流通企业的类型和特点

1. 商品流通企业的定义

人们把处在流通领域之中，以投资和经营为基本手段来获取收益的经济利益实体称为商品流通企业。

2. 商品流通企业的类型

从各种不同角度，可将商品流通企业做如下分类。

(1) 按所有制和所有制实现形式分类。按所有制形式分类，可分为两类：一是公有制商业企业，不仅包括国有商业企业和集体所有制商业企业，还包括混合所有制企业中的国有与集体成分；二是非公有制商业企业，包括私营商业企业、个体所有制商业企业。

按所有制实现形式分类，可分为国有独资有限责任公司、股份有限责任公司和有限责任公司、集体所有制商业企业、股份合作制商业企业、私营商业企业、三资商业企业等几类。

(2) 按企业经营活动的性质划分

1) 以经营商品为主的商业企业。这是指专门从事商品交换的企业。批发商业企业和零售商业企业即属于此种类型，这是商品流通体系的主体。

2) 以劳动服务为主的商业企业。按其服务对象的不同，又可分为以下两种类型。

①服务于商品流通的商业企业。它主要是通过其经营活动为商品流通提供劳务服务。这种企业按其经营性质又可分为：不直接经营商品，主要起中间媒介作用的，如贸易货栈、商品交易所、贸易信托公司等；虽然经营商品，但对商品本身没有所有权，如寄售店、委托店等。以上两种形式的共同特点是直接为商品购销活动服务，并收取一定的佣金或手续费。还有一类是只提供生产后劳动服务，如专门从事商品运输和保管，为商品流通服务的商业企业，如物流公司等。

②服务于消费者的商业企业。具体包括：能够增加或者恢复商品价值的，如修配服务业、洗染业等；具有商品生产性质的，如照相、家庭装饰装修等。此外，还有为消费者生活服务提供方便的，如旅馆、浴池、美容美发厅、家政服务公司、搬家公司等企业。

③兼营生产和流通的商业企业。这类企业可以划分为以下两种类型。饮食企业是专门加工烹制饮食品，为顾客提供就地消费场所，集生产、销售和服务三种职能为一体的企业。商品加工经营企业以经商为主，附设加工作坊，产品自产自销，经营鞋帽、服装、风味食品等的企业多属此类。

(3) 按企业在商品流通中所处地位和作用分类

1) 批发企业。批发企业是以大宗的、整批的交易批量，供应零售企业或其他批发企业用作交易，或者供应生产企业用作进一步加工并销售的商业企业。它处于商品流通的起点或中间环节，是组织城乡、地区之间商品流通的枢纽。批发企业按经营商品的不同，可以分为以下两大类。

①日用工业品批发企业。它包括石油、针（纺）织品、五金、交电、化工、农业生产资料、百货、文化用品、废旧物资等专业批发企业。为了适应社会主义市场经济的发展需要，充分发挥中心城市组织经济的作用，必须以中心城市为依托，组织千千万万工业企业和批发企业通过买卖实现横向联系，促进中心城市辐射地区的经济发展，可采用代理商、配送中心、交易市场、物流中心等形式。

②农副产品批发企业。它是经营农副产品的批发企业，经营的重点是采购农副产品。由于农副产品的流通特点是集中于农村、分散到城市，它又分为基层采购企业和中间采购企业两种类型。

2）零售企业。零售企业是以商品直接供应居民用做生活消费或供应集团单位用做非生产和生活消费的商业企业。它处于商品流通的终点，是处理直接消费的商业环节。零售企业的特点一般是交易零星、次数频繁、布局疏密有致，对于社会生产目的的实现、人民生活需要的满足起着举足轻重的作用。由于零售企业形式繁多，划分的标准也不统一。目前，对零售企业的分类主要有三种方法：按经营模式划分、按零售业态划分、按经营规模划分。

①按经营模式划分。按商品经营模式划分零售企业类别，可分为独立商店、连锁商店、出租部门、垂直零售商店、国有零售商店等。

a. 独立商店。独立商店通常是由业主自己经营的、拥有一个店铺的零售商店。独立商店具有一定的经营优势，如在选址和经营方面具有灵活性、投资少、经营专业化、可在某一领域获得较高的经营效率、容易与顾客建立亲切的关系等。但独立商店也存在经营劣势，如规模小、议价能力有限、难以降低成本、商圈较小、难以扩大经营规模等。

b. 连锁商店。连锁商店在总店的管理控制下采取统一的商品经营和标准化的经营方法。连锁商店有三种基本形式：

直营连锁商店。它也称正规连锁，指零售商经营多个属于同一所有者的相同商号的商店，构成一个整体且单一的经营企业，通常实行一定程度的集中采购和集中决策，是连锁经营的基本形态。

自由连锁商店。它是指保留单个资本所有权的各店铺联合经营的连锁。各加盟店是独立的法人，只是在部分业务范围内缔结着长久性的连锁关系，使商品的进货及其他业务共同化，以达到共享规模利益的目的。

特许连锁商店。它又称加盟连锁或合同连锁，是指特许者将自己所拥有的商标（包括服务商标）、商号、产品、专利和专有技术、经营模式等以特许经营合同的形式授予被特许者使用，被特许者按合同规定，在统一的业务模式下从事经营活动，并向特许者缴付相应的费用。

c. 出租部门。出租部门是商店等将其店内的某部门或专柜出租给店外人经营，由承租者负责部门或专柜的全部经营业务，从经营额中抽取若干比例作为租金缴付给出租人。

零售商店出租部门或专柜，目的在于将经营范围拓宽到零售商店自身不具备或需要高度专业化技能与知识的产品或服务项目。因此，出租部门经营的往往是围绕商店主要产品线的相关产品类别，如美容院、摄影室、珠宝手表部、眼镜部、化妆品部等，目前大多形成了店中店的现象。

d. 垂直零售商店。垂直零售商店是由生产商自行投资建立及管理的零售店，即为厂商的直营零售店。厂商直接经营零售，主要出于以下目的：为商品寻求出路；通过零售直接获得消费者对商品的需求信息；为了实验和宣传商品。

垂直零售商店的优点在于：厂商将自己生产的产品直接销售给最终消费者，无中间环节，可以降低成本；直接与消费者接触，能够及时获得市场信息；对外具有较大的议价能力；可控制生产至零售的全过程，增加业主的成就感；订货和交货的时间迅速。

e. 国有零售商店。国有零售商店是指由国家投资建立的零售商店。零售商店所有权属于国家，其管理方式实行所有权和经营权分离。由企业行使经营权，组织商店的零售经营活动。

国有零售商店的优势是：在消费者心目中的信誉好；一般规模较大，经营品种较齐全；质价相称；面向大众消费者。不足之处是：有些国有零售商店内部缺乏科学管理机制，因而经营上活力不足，可能使消费者感到不尽满意。

②按零售业态划分。零售业态是指零售企业为满足不同消费者而形成的不同的经营形态。零售业态的分类主要根据零售业的选址、规模、目标顾客、商品结构、店堂设施、经营方式、服务等因素确定。零售业态从总体上可以分为有店铺零售业态和无店铺零售业态两类。

a. 有店铺零售业态的分类和基本特点，见表 3—2。

b. 无店铺零售业态的分类和基本特点，见表 3—3。

表 3—2　　有店铺零售业态的分类和基本特点

业态	基本特点						
	选址	商圈与目标顾客	规模	商品（经营）结构	商品售卖方式	服务功能	管理信息系统
食杂店	位于居民区内或传统商业区内	辐射半径 0.3 km，目标顾客以相对固定的居民为主	营业面积一般在 100 m^2 以内	以香烟、饮料、酒、休闲食品为主	柜台式和自选式相结合	营业时间 12 h 以上	初级或不设立
便利店	商业中心区、交通要道、车站、医院、学校、娱乐场所、办公楼、加油站等公共活动区	商圈范围小，顾客步行 5 min 内到达，目标顾客主要为单身者、年轻人。顾客多为有目的的购买	营业面积 100 m^2 左右，利用率高	以即食食品、日用小百货为主，有即时消费性、小容量、应急性等特点，商品品种在 3 000 种左右，售价高于市场平均水平	以开架自选为主，结算在收银处统一进行	营业时间 16 h 以上，提供即时性食品的辅助设施，开设多项服务项目	程度较高
折扣店	居民区等租金相对便宜的地区	辐射半径 2 km 左右，目标顾客主要为商圈内的居民	营业面积 300～500 m^2	商品平均价格低于市场平均水平，自有品牌占有较大的比例	开架自选，统一结算	用工精简，为顾客提供有限的服务	一般
超市	市、区商业中心，居住区	辐射半径 2 km 左右，目标顾客以居民为主	营业面积在 6 000 m^2 以下	经营包装食品、生鲜食品和日用品。食品超市与综合超市的商品结构不同	自选销售，出入口分设，在收银台统一结算	营业时间 12 h 以上	程度较高

续表

业态	基本特点						
	选址	商圈与目标顾客	规模	商品（经营）结构	商品售卖方式	服务功能	管理信息系统
大型超市	市、区商业中心，城郊接合部，交通要道及大型居住区	辐射半径2 km以上，目标顾客以居民、流动顾客为主	实际营业面积在6 000 m^2以上	大众化衣、食、日用品齐全，一次性购齐，注重自有品牌开发	自选销售，出入口分设，在收银台统一结算	设不低于营业面积40%的停车场	程度较高
仓储式会员店	城乡接合部的交通要道	辐射半径5 km以上，目标顾客以中小零售店、餐饮店、集团购买和流动顾客为主	营业面积在6 000 m^2以上	以大众化衣、食、日用品为主，自有品牌占相当部分，商品在4 000种左右，实行低价、批量销售	自选销售，出入口分设，在收银台统一结算	设置相当于营业面积的停车场	程度较高并对顾客实行会员制管理
百货店	市、区级商业中心，历史形成的商业集聚地	目标顾客以追求时尚和品位的流动顾客为主	营业面积在6 000～20 000 m^2	综合性，门类齐全，以服饰、鞋类、箱包、化妆品、家庭用品、家用电器为主	采取柜台销售和开架销售相结合的方式	注重服务，设置餐饮、娱乐等服务项目和设施	程度较高
专业店	市、区级商业中心以及百货店、购物中心	目标顾客以有目的的选购某类商品的流动顾客为主	根据商品特点而定	以销售某类商品为主，体现专业性、深度性等特点，品种丰富，选择余地大	采取柜台销售或开架销售的方式	从业人员具有丰富的专业知识	程度较高
专卖店	市、区级商业中心，专业街以及百货店、购物中心内	目标顾客以中高档消费者和追求时尚的年轻人为主	根据商品特点而定	以销售某一品牌的系列商品为主，销售量少、质优、高毛利	采取柜台销售或开价销售方式，商店陈列、照明、包装、广告讲究	注重品牌声誉，从业人员具备丰富的专业知识，能够提供专业性服务	一般
家居建材商店	城乡接合部、交通要道或消费者自有房产比较高的地区	目标顾客以拥有自有房产的顾客为主	营业面积在6 000 m^2以上	商品以改善、建设家庭居住环境有关的装饰、装修等用品、日用杂品、技术及服务为主	采取开架自选方式	提供一站式购物和一条龙服务，停车位在300个以上	较高

单元 3

续表

业态		基本特点						
		选址	商圈与目标顾客	规模	商品（经营）结构	商品售卖方式	服务功能	管理信息系统
购物中心	社区购物中心	市、区级商业中心	商圈半径为5～10 km	建筑面积在5万平方米内	20～40个租赁店，包括大型综合超市、专业店、专卖店、饮食服务及其他店	各个租赁店独立开展经营活动	停车位在300～500个	各个租赁店使用各自的信息系统
	市区购物中心	市级商业中心	商圈半径为10～20 km	建筑面积在10万平方米内	40～100个租赁店，包括百货店、大型综合超市、各种专业店、专卖店、饮食店、杂品店及娱乐服务设施等	各个租赁店独立开展经营活动	停车位在500个以上	各个租赁店使用各自的信息系统
	城郊购物中心	城乡接合部的交通要道	商圈半径为30～50 km	建筑面积在10万平方米内	200个租赁店以上，包括百货店、大型综合超市、各种专业店、专卖店、饮食店、杂品店及娱乐服务设施等	各个租赁店独立开展经营活动	停车位在1 000个以上	各个租赁店使用各自的信息系统
工厂直销中心		一般远离市区	目标顾客多为重视品牌且有目的的购买	单个建筑面积在100～200 m^2	为品牌商品生产商直接设立，商品均为本企业的品牌	采用自选式售货方式	多家店共有500个以上停车位	各个租赁店使用各自的信息系统

表3—3　　无店铺零售业态的分类和基本特点

业态	基本特点			
	目标顾客	商品（经营）结构	商品售卖方式	服务功能
电视购物	以电视观众为主	商品具有某种特点，与市场上同类商品相比，同质性不强	以电视作为向消费者进行商品宣传展示的渠道	送货到指定地点或自提
邮购	以地理上相隔较远的消费者为主	商品包装具有规则性，适宜储存和运输	以邮寄商品目录为主向消费者进行商品宣传展示的渠道	送货到指定地点

续表

业态	基本特点			
	目标顾客	商品（经营）结构	商品售卖方式	服务功能
网上商店	有上网能力、追求快捷的消费者	与市场上同类商品相比，同质性强	通过互联网进行买卖活动	送货到指定地点
自动售货亭	以流动顾客为主	以香烟和碳酸饮料为主，商品品种在30种以内	由自动售货机器完成售卖活动	没有服务
电话购物	根据不同的产品特点，目标顾客不同	商品单一，以某类品种为主	主要通过电话完成销售或购买活动	送货到指定地点或自提

③按经营规模划分。现代商品流通企业按照经营可以分为大型、中型和小型等三种类型（见表3—4）。

表3—4　　大型、中型和小型商品流通企业的划分

企业规模 年销售额 企业类型	大型	中型	小型
批发企业	2.5亿元以上	0.20亿～2.5亿元	低于大、中型标准
零售企业	1.2亿元以上	0.05亿～1.2亿元	低于大、中型标准
对外贸易企业	8 000万美元以上 （年进出口额）	2 800万～8 000万美元 （年进出口额）	低于大、中型标准
物资供销社	2.5亿元以上	0.20亿～2.5亿元	低于大、中型标准

单元 3

3. 商品流通企业的特点

商品流通企业除具有一般企业共有的属性外，还有其自身的特点：

（1）以商品的购、销、运、存为基本业务。商品流通企业通过实施对商品的购进、销售、运输和存储业务，完成商品由生产领域到消费领域转移的过程，满足消费者的需要。购、销、运、存四个基本环节，是实现流通的基本要求，是提高流通经济效益的重要途径，也是商业企业的基本职能。

（2）对经营的商品基本上不进行加工或只进行浅度加工。商品流通企业的主要职能是组织商品的流通，实现商品的使用价值和价值。它们对经营的商品基本上不进行加工或只进行浅度加工。大部分商品经过流通过程，其使用价值和外部形态不发生变化。

（3）实现商品使用价值的运动和价值形态的变化。商品企业通过购进、运输、储存、销售等一系列流通活动，将商品由生产企业转移到消费者或用户手中，完成商品的空间位移和价值形态变化。

（4）商业利润主要来自生产企业的让渡。从形式上看，商业利润表现为商品售卖价格高于购买价格的余额，它似乎是在流通领域内产生的。但事实上，资本在流通领域内是不能自行增值的。流通中单纯的加价绝对不是商业利润的真正源泉，而只能是商品企业获取商业利润的方式。由于商品流通企业专门为生产企业经营推销商品的业务，为生产企业节约了大量的商品流通费用，加速了资金的周转，因此，生产企业就必须把一部分利润让渡给商品流通企业作为商业利润。这一让渡是由商品的价格差额来实现的，即生产企业按照生产价格把商品卖给流通企业，流通企业再按商品的批发价格或零售价格把商品出售给消费者，从而获得商业利润。

(5) 经营周期短、资金周转快。商品流通企业资金构成中流动资金占有相当大的比重。商业流通企业的利润来源一方面通过商品的进销差价获得，另一方面是通过加速流动资金的周转取得。商品经营周期短、资金周转快是商品流通企业经营的基本特点。

(6) 比生产企业更接近市场。商品流通企业是介于生产领域与消费领域之间的中间环节，担负着商品流通的重任，是生产领域与消费领域之间的桥梁与纽带。其主要服务对象是企事业单位、团体及广大消费者。直接面对广阔的消费者市场，它能够随时掌握市场的需求变化与消费者的需求特点，能够获得市场变化的第一手资料。

二、商品流通企业的管理组织机构

通常，商品流通企业的管理组织结构包括以下几种：

1. 直线型组织

这是企业最早和最简单的组织结构形式，其结构如图 3—11 所示。

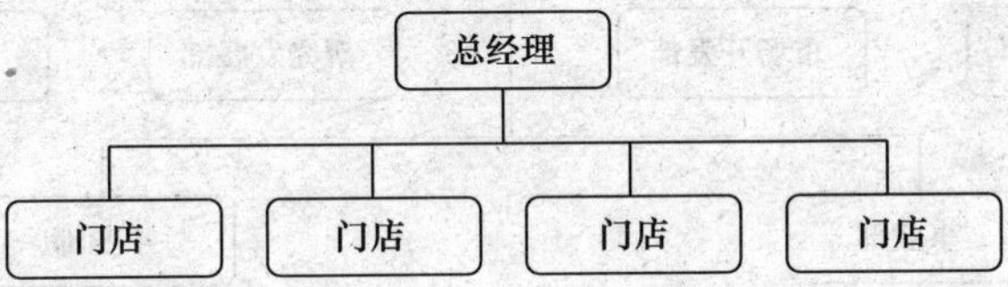

图 3—11　直线型组织

直线型组织指企业各级行政单位从上到下实行垂直领导，下属部门只接受一个上级的指令，各级主管负责人对所属单位的一切问题负责。总部不另设职能机构（可设专业人员协助主管人员工作），一切管理职能基本上都由行政主管自己执行。

这种形式的主要优点是结构比较简单，责任分明，命令统一。主要缺点是要求行政负责人通晓多种知识和技能，亲自处理各种业务。在业务比较复杂、企业规模比较大的情况下，把所有管理职能都集中到经营者一人身上，显然是难以胜任的。此种形式比较适用于连锁企业的创业阶段或企业规模较小时。

2. 直线职能型组织

随着企业规模的扩大，分店数量逐渐增多，经营管理的事务将会越来越多，也越来越复杂。经营者由于知识、能力和体力等的限制无法独立完成所有管理职能，势必会增加职能管理部门来协助经营者进行管理，直线职能型的组织结构形式就应运而生了，如图 3—12 所示。

直线职能型组织结构是指按经营管理的职能设立管理部门来协助经营者工作，并对各分店进行专业指导的组织结构形式。其优点是分工明确，易发挥专业优势；指挥统一，易调度资源；规模经济效益较好。缺点是部门间协调困难，不利于调动部门的积极

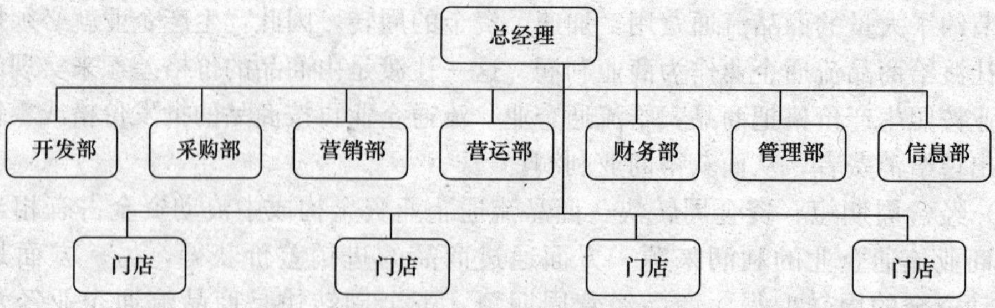

图 3—12　直线职能型组织

性，也不利于关注整体利益。此形式主要适用于环境较稳定、市场较集中、中等规模的连锁企业。

3. 事业部制组织

当企业的规模扩张到一定程度后，企业管理的范围越来越大，内容越来越复杂，许多运作已很难完全由总部进行直接控制。为了适应企业扩张的需要，许多大型企业大都采用事业部制的组织结构形式，如图 3—13 所示。

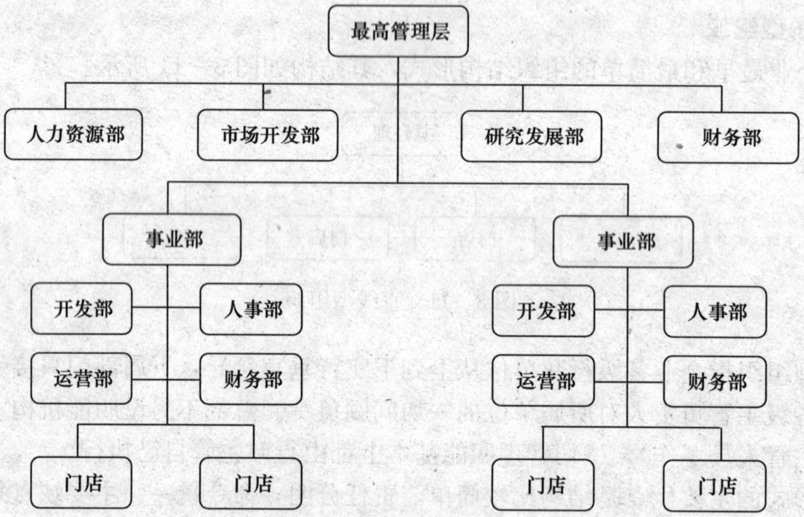

图 3—13　事业部制组织

这是以最终成果（销售收入及利润）形成的内在联系为依据，将相关的研究开发、采购、生产、销售部门结合成一个相对独立的利润中心，实行分权管理的组织结构形式，主要有产品事业部和地区事业部两种模式。这种形式的主要优点是有利于调动部门积极性，便于事业部内部的协调，适应力和竞争力加强，有利于培养整体管理人才，有利于高层领导有精力研究企业发展的战略问题。但也存在着易滋长本位主义，资源调动困难，易产生短期经营行为、机构重复设置、总编制与管理费用增加和控制困难等问题。此种形式主要适用于环境变化快、多元化经营和地域分散的大型企业。

三、商品流通企业的业务

1. 商品采购与验收业务

商品采购是商品经营者以市场需求为依据，通过商品货币交换得到商品的经济活动。它包括确定需求、发掘货源、选择供应商、交易条件的谈判、签发购货合同等。商品采购标志着商品在不同所有者之间的转手，是商品流通过程的起点。

（1）商品采购的原则

1）以销定购。以销定购原则是根据销售需求来决定商品购进。商业经营活动必须做到以市场、销售、消费者为中心，根据市场需求决定采购什么、采购多少，力求在商品品种、花色、规格、款式、价格、质量、数量等各方面适合市场需要，保证适销对路，做到不积压、不脱销断档。这样既有利于满足消费需要，又有利于引导生产部门按社会需要组织商品生产，避免产销脱节。

2）勤进快销。为加速资金周转，避免资金占用和商品积压，必须坚持勤进快销的原则，及时掌握市场的供应变化，以小批量、多批次、周期短、品种全、随销随购来争取市场主动权，减少亏损，增加盈利。

3）以进促销。以进促销是指在进货时，通过开辟货源，扩大采购品种及引进新产品，增加适销对路的商品，促进商品销售的不断扩大。在以进促销的过程中，应注意认真研究市场供求状况和变化趋势，重视商品的更新换代，特别是对新产品要积极引导消费需求，一般先采取小批量、多品种的方式，通过试销、展销、联销等手段打开销路，然后再增大进货量，最大限度地满足市场需要，促进销售。

4）质量第一。无论采购什么商品，都应坚持质量第一的原则。要把好采购商品的质量关，不采购不合格商品，坚决杜绝假冒伪劣商品进入流通领域，积极维护消费者的合法权益。

5）经济核算。经济核算原则要求尽可能地降低采购成本，扩大采购效益。为此，企业在组织货源时，要对商品的质量、价格、货源地点、条件、运输方式、销售风险等因素进行综合分析和比较，优选进货渠道和进货时机，以取得较好的经济效益。

6）信守合同。企业在采购活动中要信守合同，就是要保证合同的合法性、严肃性、有效性，更好地发挥经营合同在企业经营中的作用，树立企业的良好形象，协调好各方利益关系，保证企业购销活动的顺利进行，促进企业经营的发展。

企业在进行采购活动时，除应遵循上述原则外，还必须以市场需要和企业经济效益为依据，做到价格合理、货源顺畅、抢现抓鲜、交货及时、文明经商、诚实守信。

（2）商品采购的基本方式

1）按采购进行的方式分类

①直接采购。直接向制造商进行采购，这是商业企业最主要的采购方式。它可免去中间商的加价，也可以避免中途掉包影响品质的事件。供应商通常有生产进程安排，交货日期比较确定；为维护产品信誉，售后服务也比较好。该采购方式适用于采购数量很大的商品。

②间接采购。即企业通过中间商采购商品，如批发商、代理商和经纪人等。间接采

购与直接采购优缺点相反，因此较适用于与中小制造商的零星交易，并以标准化商品为限。

③委托采购。企业委托中间商进行采购。

④联合采购。它一般指中小企业为了取得规模采购的优势而进行的一种合作采购的方法。

2）按采购订约方式分类

①订约采购。买卖双方根据订立合约的方式进行的采购。

②口头电话采购。买卖双方不经过订约方式而是以口头或电话洽谈的方式进行的采购行为。

③书信电报采购。买卖双方借助书信或电报的往返而进行的采购行为。

④试探性订单采购。企业在进行采购活动时因某项原因先以试探方式下少量订单，销售顺利时才大量下订单。

3）按采购价格方式分类

①询价现购。企业采购人员选取信用可靠的供应商将采购条件讲明，并询问价格或寄送询价单请对方报价，比较后现价采购。

②比价采购。企业采购人员请数家供应商提供价格，对其进行比较后，决定供应商，并进行采购。

③议价采购。企业采购人员与供应商经过讨价还价后议定价格，进行采购。一般情况下，询价、比价和议价是结合使用的，很少单独进行。

④公开市场采购。企业采购人员在公开交易或拍卖时随时地、机动地采购，大宗需要或价格变动频繁的商品常用此法进行采购。

（3）商品采购基本流程。商品采购流程一般为：选择商品及供应商、与供应商洽谈交易条件、签订购货合同。

（4）商品采购的验收。商品验收是指按照与合同相符的供货方发货单及有关凭证，对所购进商品进行的数量点收和质量验收工作。一个完整的验收流程包括收货、检查、质量识别。

1）商品验收的原则

①商品从进店开始直到入库、上柜，在各流转环节中，随着每次商品管理权的转移，必须进行一次验收，以明确经济责任。

②商品验收必须及时、迅速、准确，做到随进货、随验收、随上货，已经验收的商品要单独存放。

③根据商品性质和包装特点，采取不同验收方法，有的可抽检，有的只验数量不验质量，有的在出售时当场开箱查验。不论采取何种方法，均应具体规定验收细则和标准，使各项验收环节能有序进行。

2）商品验收的内容

①对单验收。采购的商品进入商店后，有关人员应对照商品发货单（随货同行联）上的商品品名、货号、花色、规格等依次逐项核对，检查有无单货不符或漏发、错发、串发的现象，发现问题及时处理并报告上一级负责人。

②数量验收。验收商品数量时，必须对照发货单据详细点数。先点大数，后点小数。检查商品的计量单位、商品包装及其标志是否与发货票据相符，应确保单货相符。不同商品采用不同方法验收。

③质量验收。质量验收主要是通过感官鉴别商品的外观质量、等级、规格，查看有无霉变、残损和机械损伤。

④商品包装验收。商品包装验收主要通过感官方法进行，主要检查包装是否牢固、完好。如有破损、渗漏、标识不合格等问题要按规定处理。

⑤进货验收中的索证。由于多数商场不具备对商品的内在质量进行检验的能力，按照国家有关规定，商业企业进货检验中的索证和标识检验工作是商业企业控制、管理进货质量的重要工作。所谓索证，是指商业企业在进货前要求生产企业或供货商提供相关的文件、证件等。如食品标签上应标明下列内容：食品名称、配料表、净含量及固形物重量、厂名、批号、日期标志及储藏指南、食（使）用方法指导、质量等级、商品标准代号等。

2. 商品销售业务

（1）商品销售原则。商品销售是指商品所有者在商品流通过程中利用营业设施，采用一定的销售方式将商品销售出去，实现商品由料物形态到货币形态转化的过程，是商业经营活动的中心环节。

为充分发挥商品销售的作用，企业在商品经营活动中必须遵循如下原则：

1）顾客至上。商业企业的经营目的是为了满足消费，没有消费，就没有商业的存在和发展。消费行为的主体是购买商品的顾客。“顾客至上”的原则要求商业企业时刻掌握顾客的需要动向，以顾客的需求变化来指导商业企业的营销活动，千方百计地提供适应消费者需要的商品，取信于消费者。

2）讲求效益。企业在商品经营活动中，要努力追求经济效益与社会效益的统一。企业的销售活动必须讲求经济效益，以尽可能少的费用争取最大的经济效益。企业要通过满足消费者的需要，不断扩大商品的销售量，不断降低运营成本，从而获得更多的利润。

3）优质服务。商品销售是同时提供商品实体和服务的经营活动。企业在经营活动中，必须树立以消费者为中心的经营观念，充分认识到服务对商品销售工作的影响。随着技术的进步，商品质量本身的差距会越来越小，服务的竞争将会越来越重要。

4）诚实守信、公平交易。诚实守信、公平交易原则就是要求买卖公平，不弄虚作假；文明礼貌，热情待客。企业应守信于自己的服务对象，取信于他们，逐步建立起良好的企业形象，争取更多的新顾客和回头客。

5）依法经商、文明销售。商品销售面向广大群众，是社会文明程度的一个窗口，是社会主义精神文明建设的阵地。商业人员要严格执行国家的有关方针政策，遵守商业职业道德，做到依法经商、文明经商。

（2）商品销售方式

1）批发企业的销售方式。批发企业的销售对象主要是生产企业和其他流通企业。商品售出是为了进一步的加工或转卖，因此，批发企业有其独特的销售方式，包括门市批发、会议销售、上门推销等。

2）零售企业的销售方式。零售企业的销售方式主要有：柜台售货，敞开式售货，自选式售货，展览销售，流动销售，邮寄销售，电话、电视购物，自动售货，信贷销售，网上销售等。各种销售方式有其不同的特点，适用于不同的商品经营业态及商品类别，而且随着市场形势的变化和发展还将不断地推陈出新。

（3）商品销售策略

1）开拓市场策略。包括开拓原有的商品市场，即增加花色品种，规格型号齐全；开拓新产品市场；开拓销售市场和开拓服务领域。

2）市场定时策略。商业企业必须审时度势，正确选择商品进入市场的时机，实现商品与时间的最佳组合。这一策略主要针对时尚性商品、季节性商品及新产品的经营。

3）薄利多销策略。这是一种以追求市场占有率为目标，从低安排利润的扩销策略，主要适用于价格需求弹性较大的日常生活用品。

4）拾遗补缺策略。有些企业由于人、财、物条件有限，不能与同行展开正面竞争，只能避开竞争密集的商品，而着眼于拾遗补缺、扬长避短的策略。

5）服务销售策略。现代经营学认为，销售与服务相比，服务是第一位的，服务能够促进销售，销售必须辅之以服务。优质服务已成为企业在市场竞争中取胜的法宝，表现在战略上就是所谓全过程服务。

3. 商品储存业务

（1）商品储存的要求。商品储存是指商品在流通过程中的暂时停留。

商品储存是按照商品流通规律，以保障商品流通的连贯和畅通为其基本职能。对商品储存总量的要求是：既不脱销，又不积压，能加速资金周转和提高经济效益，使商品流通顺利进行。为此，商品合理储存应符合数量适当、结构合理、保证质量、储存时间适当的要求。

1）存货数量要适当。库存商品的数量，应刚好保证销售的连续且略有盈余。储存量过多或过少会导致商品积压或脱销，这两种情况不但对生产、消费不利，而且对企业的经营也不利。确定商品储存数量时要注意销售量大小、供求状况、商品理化性质等一些因素的影响。

2）存货结构要合理。商品储存结构是指不同品种、规格、质量的商品之间合理储存的数量关系。储存结构要适合一定时期内消费者的需求结构。比例不合理，势必造成积压或脱销，从而影响到市场供应与企业效益。要做到商品储存结构合理，应内外结合，综合分析。对外必须熟知市场行情，通过调查，了解哪些商品畅销，哪类商品滞销，哪种商品销量一般；对内必须掌握各类商品的性能、用途、特点及其库存量，发现结构不合理时要及时采取措施，加以调整。

3）存货期限要适宜。各种商品在库储存时间应多长，要根据商品的自然属性、储存保本期、生产与消费的季节变化、商品的寿命周期等因素来确定。

4）必须保证商品质量。为保证商品质量，企业首先要把好入库关，做好入库商品的检验工作；其次要注意商品养护，保证商品在库期间不被损害或变质。

（2）商品储存业务程序

1）商品入库业务程序

①商品入库前的准备工作。包括安排仓位、组织人力、准备收货器材等。

②商品入库程序。包括安排接货，核对凭证；分清等级，查验包装；大数点收，划清交接责任；检查商品质量和细数；办理商品入库手续。

2）商品出库业务程序。先确定商品出库形式，再核对出库凭证，按单配货，交接放行，最后记账。

四、商品流通企业的商品成本核算

1. 商品购进的核算

零售企业商品购进一般以本地为主，为满足不同消费者的需要，扩大货源，增加花色品种，也从外地购进商品。

购进商品的采购成本包括购进商品的价款、相关的税费、运输费、装卸费、保险费以及其他应计入存货成本的进货费用。

购进价款是指企业购入商品时发票账单上列明的价款，但不包括按规定可以抵扣的增值税款；相关税费是指应计入存货采购成本的进口关税、消费税、资源税和小规模纳税人不能抵扣的增值税进项税额等税费；商品流通企业购进商品过程中发生的运输费、装卸费、保险费以及其他应计入存货成本的进货费用，应当记入存货采购成本，也可以先进行归集，期末根据所购商品的存销情况进行分摊（进货费用金额较小的，可以在发生时直接计入当期损益）。

本地商品购进，通常采用“提货制”或“送货制”。货款结算一般采用支票结算方式，也可采用银行本票和商业汇票结算。

外地商品购进，通常采用“发货制”，货款结算方式一般采用银行汇票、委托收款或商业汇票结算。在市场经济迅速发展的今天，为了推销商品，减少流通环节，生产企业采用“送货制”方式向零售商店供货的越来越多。不论采用何种商品交接方式，在商品到达后都应由实物负责人根据“发货票”所列内容逐一点清商品数量，检查商品质量，核对商品编号、品名、单价和金额无误后，填制“商品验收单”（见表3—5）一式数联，其中一联连同“发货票”一起送财会部门，据以审核入账。

表3—5　　商品验收单

供货方：　　收货方：　　日期：

商品编号	商品名称	单位	购进金额（不含税）			售价金额（含税）			商品进销差价
			数量	单价	金额	数量	单价	金额	

（1）商品购进的账户设置。商品存货如果实行售价金额核算，在商品购进时，除设置“物资采购”“库存商品”“应交税金”等账户外，还应设置“商品进销差价账户”。

（2）商品购进基本业务的核算

1）同城商品购进的核算。同城商品购进的货款结算和商品验收，一般可在同一天内完成。财会部门根据实物负责人转来的“商品验收单”“专用发货票”和付款凭证入账。

若采用分期付款购进商品，货款结算采用商业汇票结算方式，则通过“应付票据”账户进行核算。

2）异地商品购进的核算。异地商品购进，如果商品采用“发货制”交接方式，货款结算和商品验收一般不在同一天内完成，通常会发生“先付款，后验货”“先验货，后付款”和“验货、付款同一天完成”等三种情况。

3）购进商品发生溢余、短缺的核算。企业在商品购进过程中，由于受差错、事故或自然因素的影响，会发生商品的溢余或短缺。为保证账实相符，保护财产安全，应及时处理这类情况。如果是本地购进发生溢缺，应由业务部门及时向供货单位查询解决；如果是外地购进发生溢缺，情况较为复杂，须待查明原因后进行处理。所以，实物负责人在验收商品时，一方面要按实收数填制“商品验收单”，同时要将原发数与实发数的差额填制“商品溢余（短缺）报告单”，送交财会部门进行账务处理，见表3—6。

表3—6　商品溢余（短缺）报告单

填制单位：　　　　　　　　　　　　日期：

商品编号	商品名称	单位	数量			进价		售价		商品进销差价
			原发	实收	溢缺（+、-）	单价	金额	单价	金额	
溢余（短缺）原因						处理意见				

①商品购进发生溢余的核算。商品购进发生溢余，在商品按实收数验收后，应按实收商品售价金额借记“库存商品”账户，按溢余部分的进价金额贷记“待处理财产溢余”账户，按原购进商品的进价金额贷记“物资采购”账户，实收商品售价金额与进价金额的差额贷记“商品进销差价”账户，查明原因后，再按不同情况分别进行处理。

②商品购进发生短缺的核算。商品购进发生短缺，在商品按实收数验收后，应按实收商品售价金额借记“库存商品”账户，按短缺部分的进价金额贷记“待处理财产短缺”账户，按原购进商品的进价金额贷记“物资采购”账户，实收商品售价金额与进价金额的差额贷记“商品进销差价”账户，对短缺商品待查明原因后再作处理。

2. 商品销售的核算

零售企业每天的销售收入必须按照现金管理的规定及时送存银行。企业销货款送存银行有集中解缴和分散解缴两种方式。采用集中解缴方式，每日营业结束，由收银员填制“缴款单”和各实物负责人填制“零售商品进销存日报表”（见表3—7），连同当日销货款一并送交企业财会部门，由财会部门的出纳员填制“银行送款簿”集中送存银行。采用分散解缴方式，每日营业结束，由各实物负责人填制“银行送款簿”，将各实物负责人实收的销货款送存银行，并取得“银行送款簿”回单联，然后填制“缴款单”和“零售商品进销存日报表”一并转财会部门，经审核无误后，据以记账。

表3—7　　零售商品进销存日报表

填制单位：　　　　　　　　　　　　　　　　　　　　　　　　　年　　日

收入			付出		
项目	本日发生额	本月累计数	项目	本日发生额	本月累计数
昨日结存			本日销货		
本日购进			本日调出		
本日调入			变价减值		
变价增值			盘点短缺		
盘点盈余			本日结存		
合计			合计		

“零售商品进销存日报表”是营业结束必须报的一张综合性表格，它详细地反映了营业组本日的商品进销存情况。

此单据一式两联，其中一联留存，一联连同有关原始凭证转送财会部门。

“零售商品进销存日报表”分为左、右两大栏，左栏记载零售商品当日的收入状况，右栏记载零售商品当日的付出状况。

“零售商品进销存日报表”的编制方法是：

左栏各项目。应分别根据“零售商品收货单”“企业内部商品调拨单”“零售商品调价报告单”“商品溢余（短缺）报告单”等原始凭证所提供的数据分别汇总填制。

“昨日结存”栏目。应根据昨日“进销存日报表”中“本日结存”项目的金额填列。

各付出项目。应分别根据“零售销售日报表”“批发销货日报表”及“商品溢余（短缺）报告单”等原始凭证提供的数据分析汇总填列。

“本日结存”项目。应按下列公式计算填列：

本日结存＝昨日库存＋本日各收入项目增加金额之和－本日各付出项目减少金额之和

表内左右两部分合计关系：

左栏合计＝各收入项目增加金额之和＋昨日库存

右栏合计＝各付出项目减少金额之和＋本日库存

左栏合计＝右栏合计

由于“零售商品进销存日报表”内容与按实物负责人分户设立的“库存商品明细账”的内容基本一致，为简化手续，可以用“日报表”代替“明细账”，其具体做法是：企业财会部门收到各实物负责人送来的“零售商品进销存日报表”后，应认真审核，在确认无误后，按月顺序装订成册，加具封面，妥善保管，代替“库存商品明细账”。

（1）商品销售核算的账户设置。零售商品销售的核算是通过“主营业务收入”“主营业务成本”和“商品进销差价”等账户进行核算的。在实行售价金额核算的情况下，“库存商品”账户按零售价进行登记，售价与进价的差额在“商品进销差价”账户中反映。商品销售后，财会部门根据各实物负责人、收银员报来的“零售商品进销存日报表”和“内部缴款单”，借记“银行存款”账户，贷记“主营业务收入”账户；同时，注销各实物负责人的库存，这时理应同时转销这部分已销商品的进销差价，从而按其进货原价反映商品销售成本。但由于逐笔计算已销商品的进销差价工作量很大，所以，在实际工作中一般于月末一次计算并结转。在平时为了反映各实物负责人的库存商品收、发、存情况，在商品销售后，从“库存商品”账户注销，直接按售价转入“主营业务成本”账户。月末，再通过一定的计算方法，计算全月已销商品实现的进销差价，一次转销“商品进销差价”账户和“主营业务成本”账户，经过调整后，“主营业务成本”账户所反映的是销售商品的进价成本。

（2）商品销售的核算。每日营业结束，由收银员、各实物负责人填制“缴款单”和“零售商品进销存日报表”，连同当日销货款一并送交企业财会部门。财会部门根据报来的“零售商品进销存日报表”和“银行送款簿”回单进行账务处理。应注意销售收入是含税的销售金额，月终还应计算调整已销商品增值税销项税额。

计算公式如下：

$$\text{应缴增值税（销项税额）}=\frac{\text{月内收入发生率}}{(1+17\%)\times 17\%}$$

单元 3

（3）商品销售长短款的核算。零售企业在商品销售过程中，有时会发生实收销货款大于或小于应收销货款的情况，即长款或短款。实行专人收款的企业，每天营业终了，收银员应将销售凭证和销货款核对，如不符，需填制“长（短）款报告单”（见表3—8），连同“缴款单”一并送交财会部门。发生长短款，在未查明原因之前，先通过“其他应付款”或“其他应收款”账户，待查明原因后，再根据不同情况分别进行处理，长短款不得相互抵消。

表 3—8　　长（短）款报告单

报告人：　　年　月　日　　单位：元

应收货款		实收货款		长或短（十、一）	
原因					
领导批示					

3. 商品储存的核算

库存商品的盘点零售企业实行售价核算，库存商品按实物负责人设置明细账户，不反映商品数量，账面金额和实际库存金额是否相符，只有通过定期盘点，得出结存商品数量，计算出结存商品售价金额，才能得到核实。因此，零售企业商品盘点工作十分重要，必须每月进行。盘点开始时，实物负责人要填置“商品盘点表”（见表 3—9）。盘点过程中以实物负责人为主，逐个清点商品数量，并填入“商品盘点表”的数量栏，盘点后，计算实存商品的售价金额，加总后与财会部门的各实物负责人商品明细账的结存金额进行核对，如商品发生账实不符，应编制“商品溢余（短缺）报告单”（见表 3—10）报送财会部门。

表 3—9　　商品盘点表

负责人：　　日期：　　单位：元

商品编号	品名	单价	盘存数量	销价金额		备注
				单价	金额	

表 3—10　　商品溢余（短缺）报告单

报告人：　　日期：　　单位：元

账面金额	实存金额	溢余金额	短缺金额	原因
领导批示		财会部门意见		

（1）商品盘点溢余的核算。商品盘点后，如果实存金额大于账存金额即为商品溢余。造成商品溢余的原因很多，有人为的多收款、少付商品，有商品的自然升溢等。在未查明原因前，应按进价金额记入“待处理财产溢余”账户，在查明原因决定处理办法后，再按不同情况分别处理。商品进价一般按上月综合或分类差价率计算，即：

商品进价＝售价×（1－上月综合差价率或分类差价率）

（2）商品盘点短缺的核算。商品盘点，如果实存金额小于账存金额即为商品短缺。发生商品短缺的原因很多，有商品的自然损耗，有人为的少收货款、责任损失或贪污盗窃等。在未查明原因前，应按进价金额记入“待处理财产损溢”账户，在查明原因决定处理办法后，再按不同情况分别处理。

商品短缺，如果是自然灾害造成的，一般损失额较大，参加财产保险的企业可从投保中得到部分补偿。短缺商品进价扣除残料价值和保险公司赔偿后的差额为自然灾害的净损失，作为“营业外支出”处理。

（3）商品的调价和削价

1）商品调价的核算。由于商品的季节性特征和市场供求关系的变化，零售企业库存商品应及时调整价格。如果进价变动，可不进行账务处理；如果售价变动，应调整“库存商品”账户和“商品进销差价”账户，以保证库存商品实际金额与账面金额一致。

调价时，应由物价管理人员和实物负责人对调价商品进行实地盘点，按照实存数量，由实物负责人填制“零售商品调价盘点表”（见表 3—11）一式数联，其中一联转送财会部门据以记账。

表 3—11　　　　零售商品调价盘点表

填制单位：　　　　日期：　　　　单位：元

商品编号	品名	单位	实存数量	零售单价		单价差额		调高金额	调低金额
				原售价	新售价	调高	调低		

2）商品削价的核算。零售企业的库存商品有时由于存放时间过长或商品保管不善导致残损变质，按原售价无法出售，只有削价才有可能销售出去。商品削价，一般在商品销售以后体现为经营收益的减少。

零售企业无论是否提取存货作跌价准备，发生商品削价时，都应由实物负责人填制“商品削价损失报告单”（见表 3—12）一式数联，其中一联转送财会部门据以记账。

表 3—12　　　　商品削价损失报告单

报告人：　　　　日期：　　　　单位：元

商品编号	品名规格	库存数量	进价		削价前售价		削价后售价		削价损失	
			单价	金额	单价	金额	单价	金额	不含税售价低于不含税进价	不含税售价低于不含税进价税额

3）商品的内部调拨。商品的内部调拨，是指商品在企业内部各实物负责人之间的转移。商品内部调拨只是转移各实物负责人所承担的经济责任，不涉及资金结算，因此，只需要在各实物负责人明细账之间反映商品变动。

发生商品内部调拨时，一般由调出实物负责人填制“企业内部商品调拨单”（见表 3—13）一式数联，通知调入实物负责人进行商品交换，并在调拨单上签章，其中一联转到财会部门据以记账。

表 3—13　　　　企业内部商品调拨单

调出单位：　　　　调入单位：　　　　日期：　　单位：元

商品编号	品名	单位	数量	进价		零售价		进销差价
				单价	金额	单价	金额	

第3节 银钱知识

培训目标

→ 1. 了解现金、支票及银行卡的基本知识
→ 2. 熟悉与收银业务相关的财务规定

一、现金

1. 现金的种类和特点

现金即流动形式的货币，如纸币或硬币。现金是流动性最强的一种货币性资产，可以随时用其购买所需物资，支付有关费用，偿还债务，也可以存入银行。相比其他形式的有价物品，如贵金属、票据、债券等，现金是更为直接方便的流通物品，但它具有随着物价波动而增减值的可能。

会计理论中，现金的广义概念是指货币资金，包括库存现金、银行存款和其他符合现金定义的票证。所谓符合现金定义的票证，一般是指银行汇票、银行本票、信用卡等票证。

现金的狭义概念仅指库存现金，包括人民币现金和外币现金。

2. 人民币知识

（1）人民币的种类。目前，市场流通的人民币券别分别是：1元、2元、5元、10元、20元、50元、100元；1角、2角、5角；1分、2分、5分。按照法律规定，人民币以元币为主币，角币、分币为辅币。1元等于10角，1角等于10分。人民币按照材料的自然属性划分有金属币（也称硬币）、纸币（也称钞票）。无论纸币、硬币均等价流通。

（2）人民币的流通范围。我国现行的货币制度是一种“一国多币”的特殊货币制度，即在香港、澳门、台湾、大陆实行不同的货币制度。人民币是中国大陆的法定流通货币，但在中国香港和澳门不是法定货币。在香港和澳门分别有按《基本法》自行决定发行的香港元和澳门元。但是现在港澳地区有些商店接受使用人民币交易，香港的一些银行也开设人民币窗口，容许市民存入、提取或转账人民币现钞。中国台湾的法定货币为新台币，所有的买卖交易皆以新台币进行。所以，在台湾岛内的商家一般不接受人民币。自2008年7月4日起，随着中国大陆和台湾“周末包机”等“三通”的实现，在台湾本岛可以在金融机构、码头及航站自由兑换人民币，但有一定的限度。

（3）第四套与第五套人民币。我国自1948年12月1日开始发行人民币以来，历时六十多年，至今已先后发行五套人民币，形成纸币与金属币、普通纪念币与贵金属纪念币等多品种、多币制的货币体系。

除1分、2分、5分三种铝镁合金材质硬币（见图3—14）外，第一套、第二套和

第三套人民币均已退出流通，目前正在流通的人民币是中国人民银行自 1987 年以来发行的第四套人民币和 1999 年开始发行的第五套人民币。

图 3—14　人民币硬币

1）第四套人民币

①第四套人民币的特点。第四套人民币从 1987 年 4 月 27 日开始发行，至 1997 年 4 月 1 日止，共发行主辅币九种面额，十四种票券。其中 1 角券一种，2 角券一种，5 角券一种，1 元券三种（1980 年版、1990 年版、1996 年版），2 元券两种（1980 年版、1990 年版），5 元券一种，10 元券一种，50 元券两种（1980 年版、1990 年版），100 元券两种（1980 年版、1990 年版）。

第四套人民币在防伪方面采用当时最新的技术，主要有：满版古钱水印（1 元、2 元、5 元）；固定人像水印（10 元、50 元、100 元）；采用平、凸、凹多种多色接线印刷技术；无色荧光油墨（紫外光照射下可发出荧光）；同色异谱油墨（紫外光照射下可变色）；磁性油墨（票券号码）；1990 年版 100 元、50 元嵌有金属防伪线。

②第四套人民币各面额的主要特征

100 元（见图 3—15）：票面纸幅长 165 mm，宽 70 mm。票面图案正面主景为我国老一辈无产阶级革命家毛泽东、周恩来、刘少奇、朱德的侧面雕像，背面主景为井冈山主峰。主色调为蓝黑色。

图 3—15　第四套人民币（100 元面额）

50 元（见图 3—16）：票面纸幅长 160 mm，宽 77 mm。票面图案正面主景为工人、农民、知识分子头像，背面主景为黄河壶口瀑布。主色调为黑茶色。

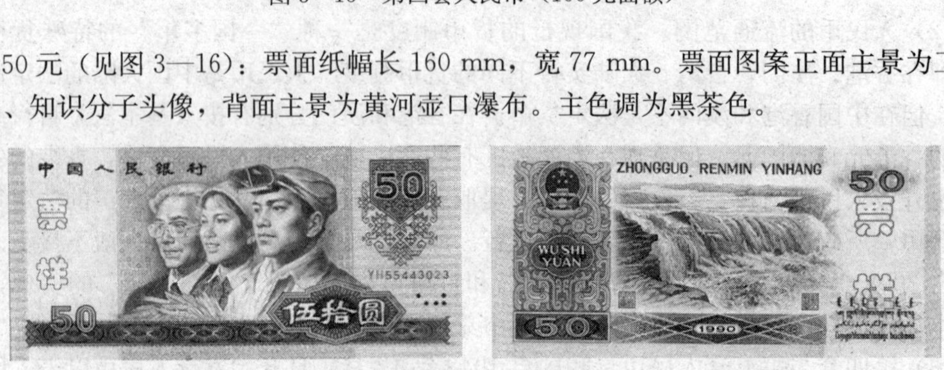

图 3—16　第四套人民币（50 元面额）

10 元（见图 3—17）：票面纸幅长 155 mm，宽 70 mm。票面图案正面主景为汉族、蒙古族人物头像，纹饰为凤凰牡丹，背面主景为珠穆朗玛峰。主色调为黑蓝色。

图 3—17　第四套人民币（10 元面额）

5 元（见图 3—18）：票面纸幅长 150 mm，宽 70 mm。票面图案正面主景为藏族、回族人物头像，纹饰为仙鹤松树，背面主景为长江巫峡。主色调为棕色。

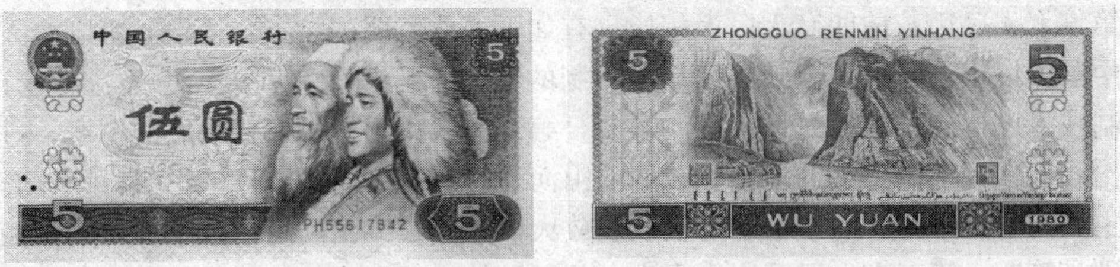

图 3—18　第四套人民币（5 元面额）

2 元（见图 3—19）：票面纸幅长 145 mm，宽 63 mm。票面图案正面主景为维吾尔族、彝族人物头像，纹饰为绶带鸟翠竹，背面主景为南海“南天一柱”。主色调为绿色。

图 3—19　第四套人民币（2 元面额）

1 元（见图 3—20）：票面纸幅长 140 mm，宽 63 mm。票面图案正面主景为侗族、瑶族人物头像，纹饰为吉祥乌梅花，背面主景为长城。主色调为深红色。

图 3—20　第四套人民币（1 元面额）

2）第五套人民币

①第五套人民币的特点。从 1999 年 10 月 1 日起，中国人民银行陆续发行第五套人民币（1999 年版），共有 1 角、5 角、1 元、5 元、10 元、20 元、50 元、100 元八种面额，其中 1 元有纸币、硬币两种。第五套人民币根据市场流通需要，增加了 20 元面额，取消了 2 元面额，使面额结构更加合理。第五套人民币硬币分为 1 角（兰花图案）、5 角（荷花图案）、1 元（菊花图案）。

第五套人民币各面额正面均采用毛泽东建国初期的头像，底衬采用了我国著名花卉图案，背面主景图案分别选用了人民大会堂、布达拉宫、桂林山水、长江三峡、泰山、杭州西湖，通过选用有代表性的富有民族特色的图案，充分表现了我们伟大祖国悠久的历史和壮丽的山河，弘扬了伟大的民族文化。为提高第五套人民币的印刷工艺和防伪技术水平，经国务院批准，中国人民银行于 2005 年 8 月 31 日发行了第五套人民币 2005 年版 100 元、50 元、20 元、10 元、5 元纸币和不锈钢材质 1 角硬币。

第五套人民币与前四套人民币相比具有如下一些鲜明的特点：第一，第五套人民币是由中国人民银行首次完全独立设计与印制的货币，且此套新版人民币经过专家论证，其印制技术已达到了国际先进水平。第二，第五套人民币通过有代表性的图案，进一步体现出我们伟大祖国悠久的历史和壮丽的山河，具有鲜明的民族性。第三，第五套人民币的主景人物、水印、面额数字均较以前放大，尤其是突出阿拉伯数字表示的面额，便于识别。第四，第五套人民币应用了先进的科学技术，在防伪性能和适应货币处理现代化方面有了较大提高，可以说，这是一套科技含量较高的人民币。第五，第五套人民币在票幅尺寸上进行了调整，票幅宽度未变，长度缩小。

②第五套人民币各面额的主要特征

100 元（见图 3—21）：票幅长 155 mm，宽 77 mm。票面图案正面主景为毛泽东头像，左侧为椭圆形花卉图案，票面左上方为中华人民共和国国徽图案，右下方为盲文面额标记。背面主景为人民大会堂图案，左侧为人民大会堂内圆柱图案，票面右上方为“中国人民银行”汉语拼音字母和蒙、藏、维、壮四种少数民族文字的“中国人民银行”字样和面额数字。票面主色调为红色，该币于 1999 年 10 月 1 日发行。

图 3—21　第五套人民币（100 元面额）

50 元（见图 3—22）：票幅长 150 mm，宽 70 mm。票面图案正面主景是毛泽东头像，左侧印有花卉图案，票面左上方为中华人民共和国国徽图案，右下方为盲文面额标记。背面主景为布达拉宫图案，票面右上方为“中国人民银行”汉语拼音字母和蒙、藏、维、壮四种少数民族文字的“中国人民银行”字样和面额数字。票面主色调为绿色，该币于 2001 年 9 月 1 日发行。

图 3—22　第五套人民币（50 元面额）

20 元（见图 3—23）：票幅长 145 mm，宽 70 mm。票面图案正面主景为毛泽东头像，左侧印有花卉图案，票面左上方为中华人民共和国国徽图案，左下方印有双色横号码，右下方为盲文面额标记。背面主景为桂林山水图案，票面右上方为“中国人民银行”汉语拼音字母和蒙、藏、维、壮四种少数民族文字的“中国人民银行”字样和面额数字。票面主色调为棕色，该币于 2000 年 10 月 16 日发行。

图 3—23　第五套人民币（20 元面额）

10 元（见图 3—24）：票幅长 140 mm，宽 70 mm。票面图案正面主景为毛泽东头像，左侧印有花卉图案，票面左上方为中华人民共和国国徽图案，左下方印有双色横号码，右下方为盲文面额标记。背面主景为长江三峡图案，票面右上方为“中国人民银行”汉语拼音字母和蒙、藏、维、壮四种少数民族文字的“中国人民银行”字样和面额数字。票面主色调为蓝黑色，该币于 2001 年 9 月 1 日发行。

图 3—24　第五套人民币（10 元面额）

5 元（见图 3—25）：票幅长 135 mm，宽 63 mm。票面图案正面主景为毛泽东头像，左侧印有花卉图案，票面左上方为中华人民共和国国徽图案，左下方印有双色横号码，右下方为盲文面额标记。背面主景为泰山图案，票面右上方为“中国人民银行”汉语拼音字母和蒙、藏、维、壮四种少数民族文字的“中国人民银行”字样和面额数字。票面主色调为紫色，该币于 2002 年 11 月 18 日发行。

图 3—25　第五套人民币（5 元面额）

1 元（见图 3—26）：票幅长 130 mm，宽 63 mm。票面图案正面主景为毛泽东头像，左侧印有花卉图案，票面左上方为中华人民共和国国徽图案，左下方印有双色横号码，右下方为盲文面额标记。背面主景为杭州西湖图案，票面右上方为“中国人民银行”汉语拼音字母和蒙、藏、维、壮四种少数民族文字的“中国人民银行”字样和面额数字。票面主色调为橄榄绿色，该币于 2004 年 7 月 30 日发行。

图 3—26　第五套人民币（1 元面额）

1 元硬币（见图 3—27）：直径为 25 mm。正面为行名、面额及年号，背面为菊花图案及行名汉语拼音。色泽为镍白色，材质为钢芯镀镍，币外缘为圆柱面，并印有“RMB”字符标记。该币于 2000 年 10 月 16 日发行。

5 角硬币（见图 3—28）：直径为 20.5 mm。正面为行名、面额及年号，背面为荷花图案及行名汉语拼音。色泽为金黄色，材质为钢芯镀铜合金，币外缘为间断丝齿，共有六个丝齿段，每个丝齿段有八个齿距相等的丝齿。该币于 2002 年 11 月 18 日发行。

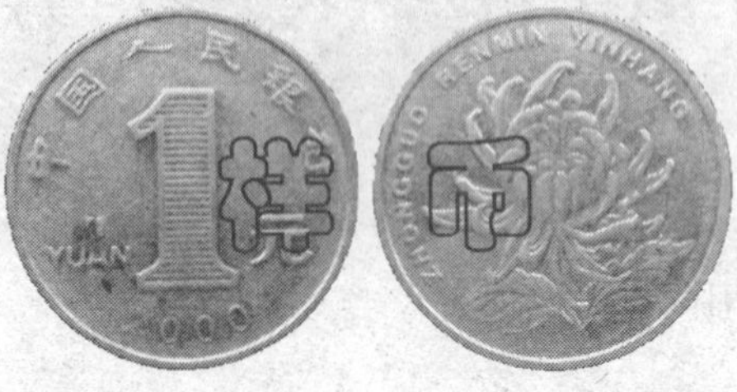

图 3—27　第五套人民币（1 元硬币）

图 3—28　第五套人民币（5 角硬币）

1 角硬币（见图 3—29）：直径为 19 mm。正面为行名、面额及年号，背面为兰花图案及行名汉语拼音。色泽为铝白色，材质为铝合金，币外缘为圆柱面。该币于 2000 年 10 月 16 日发行。

③第五套人民币1999年版的防伪特征

水印。第五套人民币50元、100元为毛泽东人头像固定水印；1元（兰花）、5元（水仙花）、10元（月季花）、20元（荷花）为花卉固定水印。

图3—29　第五套人民币（1角硬币）

红、蓝彩色纤维。在第五套人民币100元、50元、20元、10元、5元的票面上，可看到纸张中有红色和蓝色的纤维。

安全线。第五套人民币100元、50元为磁性微文字安全线，20元为明暗相间的磁性安全线。

手工雕刻头像。第五套人民币纸币正面主景为毛泽东头像，均采用手工雕刻凹版印刷工艺，形象逼真、传神，凹凸感强。

隐性面额数字。第五套人民币纸币正面右上方有一装饰图案，将票面置于与眼睛接近平行的位置，面对光源平面旋转45°或90°角，可看到面额数字字样。

光变油墨面额数字。第五套人民币50元和100元正面左上方用光变油墨印刷面额数字，当与票面垂直观察及倾斜一定角度观察时颜色会发生变化。50元垂直看为金色，而倾斜一定角度则变为绿色。100元垂直看为绿色，倾斜一定角度则变为蓝色。

阴阳互补对印图案。第五套人民币纸币正面左下方和背面右下方各有一圆形局部图案，透光观察，正背面图案组成一个完整的古钱币图案。

雕刻凹版印刷。第五套人民币中国人民银行行名、面额数字、盲文面额标记等均采用雕刻凹版印刷，用手指触摸有明显凹凸感。

号码。第五套人民币100元为横竖双号码（均为两位冠字、八位号码）印刷，横号为黑色，竖号为蓝色；50元也为横竖双号码印刷，横号为黑色，竖号为红色。20元、10元、5元及1元均为双色横号码，号码左半部分为红色，右半部分为黑色。

胶印缩微文字。第五套人民币纸币多处印有胶印缩微文字“RMB 100”“RMB 20”等字样。

专用纸张。第五套人民币纸币采用特种原材料，由专用抄造设备抄制的印钞专用纸张印制，在紫外光下无荧光反应。

变色荧光纤维。第五套人民币纸币在特定波长的紫外光下可以看到纸张中随机分布有黄色和蓝色荧光纤维。

无色荧光图案。第五套人民币纸币在正面行名下方胶印底纹处，在特定波长的紫外光下可以看到面额字样，该图案采用无色荧光油墨印刷，可供机读。

有色荧光图案。第五套人民币100元背面主景上方椭圆形图案中的红色纹线，在特定波长的紫外光下显现明亮的橘黄色；20元券背面的中间在特定波长的紫外光下显现绿色荧光图案。

胶印接线印刷。第五套人民币100元正面左侧的中国传统图案是用胶印接线技术印刷的，每根线均由两种以上颜色组成。

凹印接线印刷。第五套人民币100元背面面额数字“100”、20元正面左侧面额数字“20”是采用凹印接线技术印刷的，两种墨色对接自然完整。

凹印缩微文字。第五套人民币纸币在正面右上方装饰图案中印有凹印缩微文字，在放大镜下可看到“RMB100”“RMB20”等字样。

磁性号码。用特定的检测仪检测，在100元的黑色横号码和20元的双色横号码中，黑色号码有磁性，可供机读。

④第五套人民币2005年版与1999年版的区别

a. 调整防伪特征布局。2005年版第五套人民币100元、50元纸币正面左下角胶印对印图案调整到主景图案左侧中间处，光变油墨面额数字左移至原胶印对印图案处，背面右下角胶印对印图案调整到主景图案右侧中间处。

b. 调整防伪特征

● 隐形面额数字。调整2005年版第五套人民币各券别纸币的隐形面额数字观察角度。2005年版第五套人民币各券别纸币正面右上方有一个装饰性图案，将票面置于与眼睛接近平行的位置，面对光源做上下倾斜晃动，分别可以看到面额数字字样。

● 全息磁性开窗安全线。2005年版第五套人民币100元、50元、20元纸币将原磁性缩微文字安全线改为全息磁性开窗安全线。2005年版第五套人民币100元、50元纸币背面中间偏右有一条开窗安全线，开窗部分分别可以看到由缩微字符“￥100”“￥50”组成的全息图案。2005年版第五套人民币20元纸币正面中间偏左有一条开窗安全线，开窗部分可以看到由缩微字符“￥20”组成的全息图案。

● 双色异形横号码。2005年版第五套人民币100元、50元纸币将原横竖双号码改为双色异形横号码。正面左下角印有双色异形横号码，左侧部分为暗红色，右侧部分为黑色。字符由中间向左右两边逐渐变小。

● 雕刻凹版印刷。2005年版第五套人民币20元纸币背面主景图案上的桂林山水、面额数字、汉语拼音行名、民族文字、年号、行长章等均采用雕刻凹版印刷，用手触摸，有明显凹凸感。

c. 增加防伪特征

● 白水印。2005年版第五套人民币100元、50元纸币正面双色异形横号码下方、2005年版第五套人民币20元纸币正面双色横号码下方，迎光透视，分别可以看到透光性很强的水印面额数字字样。

● 凹印手感线。2005年版第五套人民币各券别纸币正面主景图案右侧有一组自上而下规则排列的线纹，采用雕刻凹版印刷工艺印制，用手指触摸有极强的凹凸感。

● 阴阳互补对印图案。2005年版第五套人民币20元纸币正面左下角和背面右下角均有圆形局部图案，迎光透视，可以看到正背面的局部图案合并为一个完整的古钱币图案。

● 增加年号拼音。2005年版第五套人民币各券别纸币背面主景图案下方的面额数字后面，增加人民币单位的汉语拼音“YUAN”，年号改为“2005年”。

● 取消纸张中的红、蓝彩色纤维。取消1999年版第五套人民币各券别纸币纸张中的红、蓝彩色纤维，增加了部分专业防伪和专家防伪的措施内容，提高了2005年版第五套人民币纸币的防伪科技含量和技术水平。

● 1 角硬币材质为不锈钢。2005 年版第五套人民币 1 角硬币，在正背面图案、规格、外形与现行流通的第五套人民币 1 角硬币相同的基础上，材质由铝合金改为不锈钢，以适应防伪、机读需要。

3）人民币假币的识别

①纸币的鉴别。真假币的鉴别主要通过看、摸、听、测四种方法。

以下以第五套人民币为例进行着重说明。

a. 看。主要看纸币的水印、安全线等外观特征。真币的图案颜色协调，图案人像层次分明、富有立体感，人物形象表情传神、色调柔和亮丽；票面中的水印立体感强、层次分明、灰度清晰；安全线和纸张牢固地粘合在一起，并有特殊的防伪标记；对印图案完整、准确；各种线条粗细均匀，直线、斜线、波纹线均明晰、光洁。

看水印。第五套人民币各券别纸币的固定水印位于各券别纸币票面正面左侧的空白处，迎光透视，可以看到立体感很强的水印。50 元、100 元纸币的固定水印为毛泽东头像图案；5 元、10 元、20 元纸币的固定水印为花卉图案。

看安全线。第五套人民币纸币在各券别票面正面中间偏左均有一条安全线。迎光透视 50 元、100 元纸币的安全线，可以分别看到缩微文字 RMB 50、RMB 100 的微小文字，仪器检测均有磁性；20 元纸币，迎光透视，是一条明暗相间的安全线；5 元、10 元纸币安全线为全息磁性开窗式安全线，即安全线局部埋入纸张中，局部裸露在纸面上，开窗部分分别可以看到由缩微字符 5、10 组成的全息图案，仪器检测有磁性。

看光变油墨。第五套人民币 50 元券和 100 元券正面左下方的面额数字采用光变油墨印刷。将垂直观察的票面倾斜到一定角度时，50 元券的面额数字会由金色变为绿色，100 元券的面额数字则会由绿变为蓝色。

看票面图案是否清晰，色彩是否鲜艳，对接图案是否可以对接上。第五套人民币纸币的阴阳互补对印图案应用于 10 元、20 元、50 元和 100 元券中。这 4 种券别的正面左下方和背面右下方都印有一个圆形局部图案。迎光透视，两幅图案能准确对接，组合成一个完整的古钱币图案。

用 5 倍以上放大镜观察票面，看图案线条、缩微文字是否清晰干净。第五套人民币纸币各券别正面胶印图案中，5 元微缩文字为 RMB 5 和 5；10 元为 RMB 10；20 元为 RMB 20；50 元为 50 和 50 RMB；100 元为 RMB 和 RMB 100 字样。

b. 摸。依据手指触摸钞票的感觉来分辨人民币的真伪。真币是采用特等原料，由专业造钞设备制造的印钞专用纸张印制的，其手感光滑、薄厚均匀、坚挺有韧性，且票面上的行名、盲文、国徽和主景图案一般采用凹版印刷工艺，触摸时有凹凸感，与普通纸张有很大不同。

摸人像、盲文点、中国人民银行行名等处是否有凹凸感。

摸手工雕刻头像。第五套人民币纸币各券别正面主景均为毛泽东头像，采用手工雕刻凹版印刷工艺，形象逼真、传神，凹凸感强，易于识别。

c. 听。通过抖动使钞票发出响声，根据声音来判断人民币的真伪。真币是用专用特制纸张印制而成的，具有挺括、耐折、不易撕裂等特点，手持钞票用力抖动、手指轻弹或两手一张一弛轻轻对称抖动钞票，均能发出清脆响亮的声音。

d. 测。借助一些简单的工具和专用的仪器来分辨人民币真伪。例如，借助放大镜可以观察票面线条清晰度和胶、凹印缩微文字等；用紫外灯光照射票面，可以观察钞票纸张和油墨的荧光反应；用磁性检测仪可以检测黑色横号码的磁性。

②硬币的鉴别。针对硬币假币的主要特征，可采用对比法、测量称重法、图文重合比照法与合金成分分析法等进行真伪鉴别。

a. 掂重或称重法。现行流通的硬币都有标准质量，若发现质量小于或大于标准质量，则要进行仔细鉴定。

b. 尺量鉴别。每种硬币都有直径、厚度的标准公差。如果出现超出或小于标准公差的规格，就可能是假币。

c. 表面花纹鉴定。真币表面花纹图案光洁清晰；假币花纹图案生硬模糊。

d. 物理、化学实验鉴定。可抽样或全部用化学试剂对原制金属成分做反应实验，以鉴定真假。

（4）残损人民币的鉴别。中国人民银行规定的不宜在社会上流通的残缺纸币和硬币主要有以下五种：

1）纸币票面缺少面积在 20 mm^2 以上。

2）纸币票面裂口两处以上，长度每处超过 5 mm；裂口 1 处，长度超过 10 mm。

3）纸币票面有纸质较绵软，起皱较明显，脱色、变色、变形，不能保持其票面防伪功能等情形之一。

4）纸币票面污渍、涂写字迹面积超过 2 cm^2；不超过 2 cm^2，但遮盖了防伪特征之一。

5）硬币有穿孔、裂口、变形、磨损、氧化，文字、面额数字、图案模糊不清等情形之一。

3. 几种主要外币的知识

（1）外币的概念。外国货币简称外币，是指除本国货币以外的其他国家和地区发行的货币。对我国来说，人民币以外的货币都称为外币。

外币涉及了五大洲包括亚洲、欧洲、南北美洲、非洲、大洋洲的大部分国家的纸币和硬币，目前，世界上有 225 个国家和地区，其中联合国会员国是 191 个。每个国家和地区都有货币在流通，这些货币一般都是由各国中央银行发行的本国货币，但也有少数货币是由几个国家或地区共同使用的区域性的货币区货币和贸易区货币。有些岛国仅发行过纪念性货币。

（2）构成外币的基本要素。人们在接触、收纳外钞时，目光直接注意的是反映外钞各方面基本特征的要素。构成钞票的基本要素有以下几点：

1）发行国家（地区）或发行机构名称。

2）钞票名称和面值。

3）发行年代或版别。

4）币面文字。

5）正、背面图形（包括花饰、设计师签字）和记号（包括水印、凹凸印、安全线、对印、编印文字等暗记）。

6）一定的纸张、形状和尺寸。

7）签字、印记（包括发行印鉴、主管印鉴）和序列号码。

（3）外币的发行机构。多数国家和地区发行钞票的机构为中央银行，少数也有例外。从券别上概括，有政府券、国家银行券、地区联盟银行券及经政府核准的银行券四种。例如，英国的钞票是中央银行英格兰银行发行的国家银行券；欧元是欧盟中央银行发行的地区联盟银行券；中国香港地区的钞票，是由香港特别行政区政府指定香港上海汇丰银行、香港渣打银行和中国银行发行。

（4）我国收兑的主要外币。根据我国现行外汇管理法令的规定，中华人民共和国境内禁止外币流通，并不得以外币计价结算。为方便外宾和港澳台同胞用款，中国银行及其他外汇指定银行除受理外币旅行支票、外国信用卡兑换人民币的业务外，还受理美元、欧元、日元、英镑、瑞士法郎、瑞典克朗、丹麦克朗、挪威克朗、加拿大元、新加坡元、澳大利亚元、新西兰元、菲律宾比索、泰国铢、港币、澳门元等 22 种外币现钞以及中国台湾新台币的兑换业务。

1）美元（见图 3—30）。美元的货币单位名称是“元”（Dollar），辅币名称是“分”（Cent）。1 美元等于 100 美分。现行流通的美元纸币有三类，数量最多的是联邦储备钞票，总面额占流通钞票的 99%，面额有 1 美元、2 美元、5 美元、10 美元、20 美元、50 美元和 100 美元 7 种。流通中的铸币有 1 美分、5 美分、10 美分、25 美分、50 美分和 1 美元。

图 3—30　美元

美元的真伪可采用直接对比法（眼看、手摸、耳听）和仪器检测法进行鉴别，即通常所说的“一看、二摸、三听、四测”。

①眼看。首先，看票面的颜色。真钞正面主色调为深黑色，背面为墨绿色，冠字号码和库印为翠绿色，并都带有柔润光泽。其次，看票面图案、线条的印刷效果。真钞票面图案均是由点、线组成，线条清晰、光洁，图案层次及人物表情丰富，人物目光有神。再次，看光变面额数字。1996 年版 10 美元以上真钞均采用光变面额数字，变换观察角度，可看到由绿变黑。最后，透光看纸张、水印和安全线。美元纸张有正方形的网纹，纹路清晰，纸中有不规则分布的彩色纤维；从 1996 年版起，美元纸张加入了与票面人物头像相同的水印，水印层次丰富，有较强的立体感；从 1990 年版起，5 美元以上面额纸币中加入了文字安全线，线条光洁、线上文字清晰。

②手摸。一是摸纸张。真钞纸张挺括、光滑度适宜，有较好的韧性。二是摸凹印手感。真钞正背面主景图案及边框等均采用凹凸版印刷，手摸有明显的凹凸感。

③耳听。用手抖动或者手指弹动纸张，真钞会发出清脆的声响。

④仪器检测。一是用放大镜观察凹印缩微文字。从 1990 年版起，5 美元以上面额纸币加印了凹印缩微文字，在放大镜下观察，文字清晰可辨。二是用磁性检测仪检测磁性。真钞的黑色凹印油墨含有磁性材料，用磁性检测仪可检测出磁性。三是用紫外光照射票面。真钞纸张无荧光反应，1996 年版美元安全线会有明亮的荧光反应。

2）欧元（见图 3—31）。欧元（EURO）是欧洲货币联盟（EMU）国家单一货币的名称，是 EMU 国家的统一法定货币。欧元（€；代码 EUR）是欧盟中 16 个国家的货币，它们合称为欧元区（Eurozone）。

图 3—31　欧元

欧元纸币共分七种面值：500 欧元、200 欧元、100 欧元、50 欧元、20 欧元、10 欧元和 5 欧元。欧元硬币共有八种面值：2 欧元、1 欧元、50 欧分、20 欧分、10 欧分、5 欧分、2 欧分和 1 欧分。

识别欧元纸币也同样要采用“一看、二摸、三听、四测”的方法。

①眼看。一是迎光透视，主要观察水印、安全线和对印图案；二是晃动观察，主要观察全息标志，5 欧元、10 欧元、20 欧元背面珠光油墨印刷条状标记和 50 欧元、100 欧元、200 欧元、500 欧元背面右下角的光变油墨面额数字。

②手摸。一是摸纸张。欧元纸币纸张薄、挺度好，摸起来不滑、密实，在水印部位可以感到有厚薄变化。二是摸凹印图案。欧元纸币正面的面额数字、门窗图案、欧洲中央银行缩写及 200 欧元、500 欧元的盲文标记均是采用雕刻凹版印刷的，摸起来有明显的凹凸感。

③耳听。用手抖动纸币，真钞会发出清脆的声响。

④仪器检测。用紫外灯和放大镜等仪器检测欧元纸币的专业防伪特征。在紫外光下，欧元纸张无荧光反应，同时可以看到纸张中有红、蓝、绿三色荧光纤维；欧盟旗帜和欧洲中央银行行长签名的蓝色油墨变为绿色；12 颗星由黄色变为橙色；背面的地图和桥梁则全变为黄色。

欧元纸币正背面均印有缩微文字，在放大镜下观察，真币上的缩微文字线条饱满且清晰。

3）日元（见图 3—32）。日元（日文：円，yān；日语罗马字 en 的纸币称为日本银行券）是日本的官方货币，于 1871 年制定，由日本银行发行。货币符号为“￥”，国际标准化组织 ISO 4217 制定其标准代号为 JPY。日元钞票面额为 1 000 日元、5 000 日元、10 000 日元，铸币有 1 日元、5 日元、10 日元、50 日元、100 日元等。

图 3—32　日元

现行流通的日元主要是 1993 年版 1 000 日元、5 000 日元和 10 000 日元的纸币，此外还有一小部分 1984 年版纸币。

日元的鉴别同样采用“一看、二摸、三听、四测”的方法。

①眼看。一是看钞票的颜色、图案、花纹及印刷效果。日元真钞正背面主景线条精细、层次丰富、立体感强，明亮处和阴影部分过渡自然。二是看日元纸张颜色。日元纸张工艺独特，呈淡黄色。三是看水印和盲文标记。迎光透视，日元水印非常清晰，图案层次丰富，有较强的立体感。同时，也可以清晰地看到盲文标记。四是看光变面额数字和隐形图案。变换 2 000 日元票面，观察正面右上角的面额数字是否由蓝色变为紫色，正面左下角的装饰图案中是否有隐形面额数字“2 000”字样及背面右上角绿色底纹处是否有隐形字目“NIPPON”字样。

②手摸。一是摸纸张：日元纸张韧、挺，摸起来不滑、密实、挺括。二是摸凹印图案和盲文标记，应有明显的凹凸感。

③耳听。用手抖动纸币，真钞会发出清脆的声音，假币声音发闷。

④仪器检测。用紫外灯、放大镜和磁性检测仪等工具检测日元的专业防伪特征。在紫外光下，日元纸张无荧光反应，同时可以看到 2 000 日元正背面的印章有明亮的荧光反应。日元正背面均印有缩微文字，用放大镜观察，真币上的缩微文字线条饱满且清晰。用磁性检测仪检测日元正背面凹印图案是否有磁性反应。

4）港币。现行流通的港币纸币主要是由香港上海汇丰银行、香港渣打银行和中国银行三家银行分别发行的，其中汇丰银行的发行量占总发钞量的 70%以上。

①香港上海汇丰银行券（见图 3—33）的防伪特征。目前流通的香港上海汇丰银行钞票，是该行自 1993 年起发行的纸币，面额有 2 元、50 元、100 元、500 元和 1 000 元港币。

图 3—33　港币（汇丰银行券）

汇丰银行券主要有以下防伪特征：

a. 水印。票面正面右侧有狮头水印图案。2000 年版 1 000 元港币在石狮图案上方增加了“1 000”字样白水印。

b. 安全线。票面采用了全埋深色安全线，其中，2000 年版 1 000 元港币还在票面正面右侧增加了一条全息开窗文字安全线。

c. 雕刻凹版印刷。票面正背面主景、行名、面额数字等均采用了凹版印刷，用手触摸有明显的凹凸感。

d. 凹印缩微文字。票面正背面多处印有凹印缩微文字“THE HONG KONG AND SHANG HAI BANKING CORPORATION LIMITED”字样。

e. 对印图案。票面正面右侧及背面左侧花边均有一圆形局部图案，迎光透视，可见正背面组成了一个完整的图案。

f. 隐形面额数字。在票面正面右下角的长方形图案中印有隐形面额数字。将票面置于与视线接近平行的位置，面对光源，旋转钞票，可见该面额钞票的面额数字。

g. 异形号码。票面正面左下和右侧分别印有横竖异形号码。该号码的特点是数字逐渐增大。

h. 无色荧光图案。在紫外光下，可以看到票面正面有明亮的荧光图案。

i. 三色荧光纤维。2000 年版 1 000 元港币在纸张中增加了红、蓝、绿三色荧光纤维，在紫外光下清晰可见。

②香港渣打银行券（见图 3—34）的防伪特征。目前流通的香港渣打银行钞票，是该行自 1993 年 1 月起发行的纸币，面额有 10 元、20 元、50 元、100 元、500 元和 1 000 元。

图 3—34　港币（渣打银行券）

渣打银行券主要有以下防伪特征：

a. 水印。票面正面右侧有古罗马军人头像水印及字母“SCB”白水印。2001 年版 1 000 元港币的白水印由“SCB”改为“1 000”。

b. 安全线。票面采用了全埋深色安全线，其中，2001 年版 1 000 元港币还在票面正面右侧增加了一条全息开窗文字安全线。

c. 雕刻凹版印刷。票面正背面主景、行名、面额数字灯等采用了凹版印刷，用手触摸有明显的凹凸感。

d. 凹印缩微文字。票面正面右侧边框外印有凹印缩微文字“STANDARD CHARTERED BANK”字样。

e. 对印图案。票面正面右侧及背面左侧均有一圆形局部图案，迎光透视，可见正背面图案组成了一个完整的圆形图案。

f. 无色荧光图案。在紫外光下，票面正面会出现明亮的荧光图案。

g. 有色荧光图案。在紫外光下，背面局部图案会出现明显的荧光反应。

h. 三色荧光纤维。2001 年版 1 000 港币在纸张中增加了红、蓝、绿三色荧光纤维，在紫外光下清晰可见。

③中国银行券（见图 3—35）的防伪特征。中国银行于 1994 年开始发行港元纸币，面额有 20 元、50 元、100 元、500 元和 1 000 元。

中国银行券主要有以下防伪特征：

a. 水印。票面正面右侧有石狮水印图案。2001 年 1 000 元港币在石狮图案上方增加了“1 000”字样白水印。

b. 安全线。票面采用了全埋深色安全线，其中，2001 年版 1 000 元港币还在票面正面右侧增加了一条全息开窗文字安全线。

c. 雕刻凹版印刷。票面正背面主景、行名、面额数字等均采用了凹版印刷，用手触摸有明显的凹凸感。

图 3—35　港币（中国银行券）

d. 凹印缩微文字。票面正背面边框上方印有凹印缩微文字“BANK OF CHINA”字样。

e. 对印图案。票面正面右侧及背面左侧花边均有“中”字图案，迎光透视，可见正背面色块组成了一个“中”字。

f. 隐形面额数字。在票面正面右下角的边框中印有隐形面额数字。将票面置于与视线接近平行的位置，面对光源，旋转钞票可见该面额钞票的面额数字。

g. 无色荧光图案。在紫外光下，可见票面正面有明亮的荧光图案。

h. 三色荧光纤维。2001 年版 1 000 元港币在纸币上增加了红、蓝、绿三色荧光纤维，在紫外光下清晰可见。

二、支票

1. 支票的定义和支票使用的特点

（1）支票的定义。支票是出票人签发，委托办理支票存款业务的银行或者其他金融机构在见票时无条件支付确定的金额给收款人或持票人的票据。

支票是以银行为付款人的即期汇票，可以看做汇票的特例。支票出票人签发的支票金额，不得超出其在付款人处的存款金额。如果存款低于支票金额，银行将拒付。这种支票金额超出出票人存款额的支票称为空头支票，出票人要负法律上的责任。

（2）支票使用的特点

1）支票是以商业信用为基础，要求支票的出票人有较高的信誉度。

2）支票既可以用以办理转账结算，也可以用以支取现金，但用于支取现金的，必须符合现金管理条例的规定。

3）支票的部分记载事项可以由出票人授权补记。出票人在签发支票时，可能无法确定支付的金额和收款人名称，因此，为了更加方便支票的使用人，《票据法》明确规定了支票的金额、收款人名称可以由出票人授权补记，而且既可以由出票人授权本单位的使用人员补记，也可以授权收款单位补记。未补记前不得背书转让和提示付款。

4）支票可以背书转让。但是出票人在支票上记载“不得转让”字样的支票不得转让，背书人在背书栏注明“不得转让”字样，被背书人也不得再转支票。

5）支票的持票人可以委托其开户银行收款或者直接向付款人提示付款，用于支取现金的支票仅限于收款人向付款人提示付款。

6）支票见票即付，但支票持票人委托其开户银行向付款人提示付款的，进账时间为经过同城票据交换系统将票款划回的时间。

2. 支票的种类

我国现在使用的支票按支付方式，可分为现金支票、转账支票、普通支票和划线支票。

现金支票上印有“现金”字样，只能用于支取现金，如图 3—36 所示。

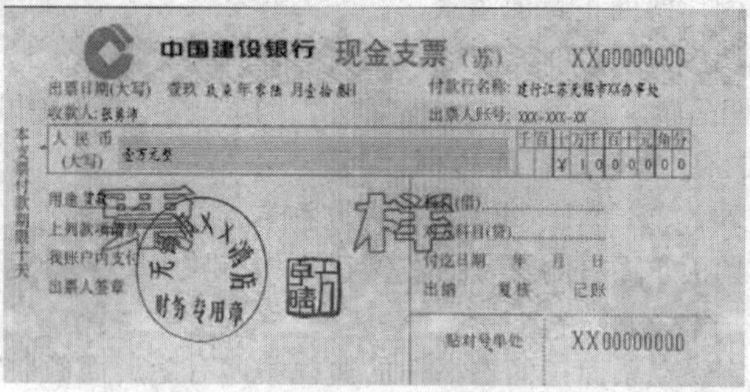

图 3—36　现金支票

转账支票上印有“转账”字样，只能到支票发行银行办理货币过户手续。此类支票由于不能直接提取现金，账目往来的保险系数略大于现金支票，如图 3—37 所示。

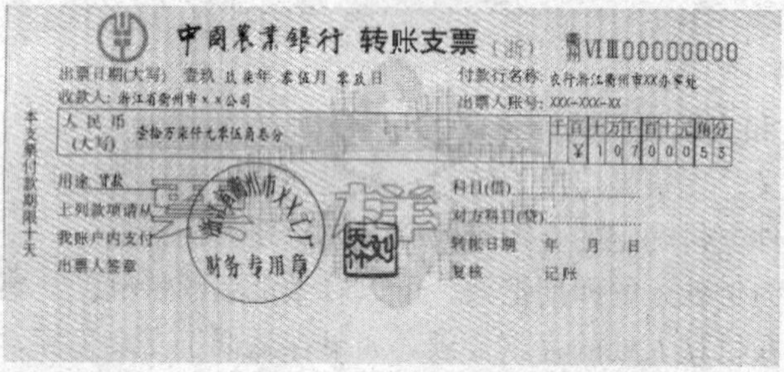

图 3—37　转账支票

普通支票上未印有“现金”或“转账”字样，既可以支取现金，又可以用于转账。

划线支票是在普通支票左上角划两条平行线，只能用于转账，不能用于支取现金。

3. 支票的签发

（1）支票签发的有关规定。签发支票必须记载的事项：表明“支票”的字样；无条件支付的委托；确定的金额；付款人名称；出票日期；出票人签章。欠缺记载上列事项之一的，即为支票无效。支票的付款人为支票上记载的出票人开户银行。

支票的金额、收款人名称可以由出票人授权补记。未补记前不得背书转让和提示付款。

签发现金支票和用于支取现金的普通支票必须符合国家现金管理的规定。

支票的出票人签发支票的金额不得超过付款时在付款人处实有的存款金额。禁止签发空头支票。

支票的出票人预留银行签章是银行审核支票付款的依据。银行也可以与出票人约定使用支付密码，作为银行审核支付支票金额的条件。

出票人不得签发与其预留银行签章不符的支票；使用支付密码的，出票人不得签发支付密码错误的支票。

出票人签发空头支票、签章与预留银行签章不符的支票、使用支付密码地区支付密码错误的支票，银行应予以退票，并按票面金额处以5%但不低于1 000元的罚款；持票人有权要求出票人赔偿支票金额2%的赔偿金。对屡次签发的，银行应停止其签发支票的权限。

支票的提示付款期限自出票日起10日，但中国人民银行另有规定的除外。超过提示付款期限提示付款的，持票人开户银行不予受理，付款人不予付款。

签发支票应使用碳素墨水或墨汁笔填写，中国人民银行另有规定的除外。

持票人可以委托开户银行收款或直接向付款人提示付款。用于支取现金的支票仅限于收款人向付款人提示付款。持票人委托开户银行收款的支票，银行应通过票据交换系统收妥后入账。持票人委托开户银行收款时，应作委托收款背书，在支票背面背书人签章栏签章、记载“委托收款”字样、背书日期，在被背书人栏记载开户银行名称，并将支票和填制的进账单送交开户银行。持票人持用于转账的支票向付款人提示付款时，应在支票背面背书人签章栏签章，并将支票和填制的进账单交送出票人开户银行。收款人持用于支取现金的支票向付款人提示付款时，应在支票背面“收款人签章”处签章，持票人为个人的，还需交验本人身份证件，并在支票背面注明证件名称、号码及发证机关。

出票人在付款人处的存款足以支付支票金额时，付款人应当在见票当日足额付款。

存款人领购支票必须填写“票据和结算凭证领用单”并签章，签章应与预留银行的签章相符。存款账户结清时，必须将全部剩余空白支票交回银行注销。

(2) 支票的填写及注意事项

1) 出票日期（大写）。票据的出票日期必须使用中文大写数字，其写法是：零、壹、贰、叁、肆、伍、陆、柒、捌、玖、拾。

为防止编造票据的出票日期，在填写月、日时，月为壹、贰和壹拾的，日为壹至玖和壹拾、贰拾和叁拾的，应在其前加“零”；日为拾壹至拾玖的应在其前加“壹”。例如，2月12日，应写成零贰月壹拾贰日；10月20日，应写成零壹拾月零贰拾日。

2) 收款人

①现金支票收款人写本单位名称，现金支票背面“背书人”栏内加盖本单位的财务专用章和法人章，之后收款人可凭现金支票直接到开户银行提取现金（由于有的银行各营业点联网，所以也可到联网营业点取款，具体要视联网覆盖范围而定)。

②现金支票收款人写收款人个人姓名，现金支票背面不盖任何章，收款人在现金支票背面填上身份证号码和发证机关名称，凭身份证和现金支票签字领款。

③转账支票收款人应填写对方单位名称。转账支票背面本单位不盖章。收款单位取得转账支票后，在支票背面背书人栏内加盖收款单位财务专用章和法人章，填写好银行进账单后连同该支票交给收款单位的开户银行委托银行收款。

3) 付款行名称、出票人账号。付款行名称、出票人账号即为本单位开户银行名称及银行账号，如工行高新支行九莲分理处1202027409900088888。账号要小写。

4）人民币（大写）。数字大写写法：零、壹、贰、叁、肆、伍、陆、柒、捌、玖、亿、万、仟、佰、拾。注意："万"字不带单人旁。

如：①654 321.92元：陆拾伍万肆仟叁佰贰拾壹元玖角贰分。

②632.00元：陆佰叁拾贰元整。"整"写为"正"字也可以。不能写为"零角零分"。

③825.70元：捌佰贰拾伍元柒角。角字后面可加"正"字，但不能写"零分"，比较特殊。

5）人民币（小写）。最高金额的前一位空白格用"￥"字开头，数字填写要求完整、清楚。

6）用途

①现金支票有一定限制，一般填写"备用金""差旅费""工资"和"劳务费"等。

②转账支票没有具体规定，可填写如"货款""代理费"等。

7）盖章。支票正面盖财务专用章和法人章，缺一不可，印泥为红色，印章必须清晰，印章模糊只能将本张支票作废，换一张重新填写并重新盖章。反面盖章与否见"支票的填写及注意事项"中收款人部分相关内容。

注意：

①支票正面不能有涂改痕迹，否则本支票作废。

②收票人如果发现支票填写不全，可以补记，但不能涂改。

③支票的有效期为10天，日期首尾算一天。节假日顺延。

④支票见票即付，不记名（丢了支票尤其是现金支票，票面金额数目被冒领，银行不承担责任。现金支票一般要素填写齐全且未被冒领，则可以在开户银行挂失；转账支票假如要素填写齐全则可以在开户银行挂失，假如要素未填写齐全则可以到票据交换中心挂失）。

⑤若出票单位现金支票背面印章模糊，则可以把模糊印章打叉，重新再盖一次。

⑥若收款单位转账支票背面印章模糊（《票据法》规定此时是不能以重新盖章方法来补救的），收款单位则可以带转账支票及银行进账单到出票单位的开户银行去办理收款手续，不用另付手续费（俗称"倒进"）。

4. 支票收银的利弊及支票收银业务的操作

（1）支票收银的优缺点

1）支票收银的优点

①减少了点钞、验钞的麻烦。

②不易挪借或窃用。转账支票必须经过银行的过户登录手续才能生效，所以不能随意挪用、拆借。使用现金支票也须经过单位、使用者身份等审核手续，这种制度给非法使用者造成一定障碍与风险。

2）支票收银的缺点

①易遗失。支票与纸币的质量、形状特点大致相同，小且薄，如果随意乱放，有遗失的可能。

②易污染、破损。支票为纸质，无论出现污染或破损现象均被视为无效。所以携带过程中的保管难度要大于纸币。

（2）支票收银业务操作

1）支票收银操作流程如图3—38所示。

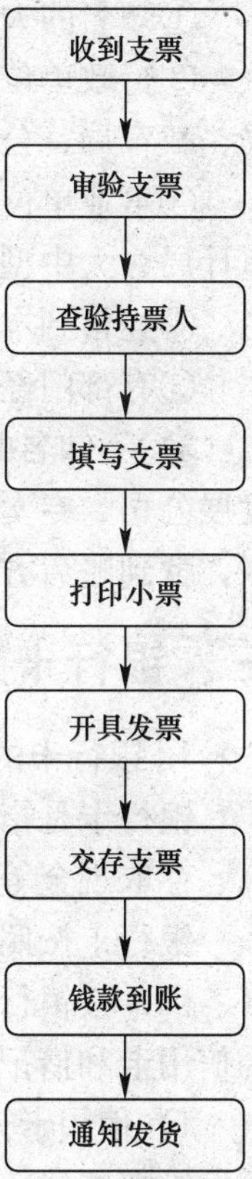

图3—38 支票收银操作流程

2）审验支票。收银员在接收付款人交来的支票时，应注意审核以下内容：

①验票。检查支票的质地与完好程度，辨别真伪。看支票是否有折痕、撕裂处。

②验章。检验支票上的企业公章或财务专用章和法人代表章是否齐全，是否完好无损，印章位置是否正确，印章是否出现重叠、残缺或模糊印迹。

③验笔迹。检验支票是否按规定用碳素墨水笔填写或用支票打印机打印；笔迹是否规范；有无修改或重描痕迹，字体是否一致。

④验金额。检验支票上金额是否正确，大小写是否一致。

注意：支票上的金额可以由出票人授权补记，未补记的支票不得使用。

⑤验日期。一般支票的有效期为10天，如遇节假日可以顺延；支票应在有效期内使用。审验支票时，应注意支票的日期是否为远期或过期。

⑥验背书的连续性。支票收款人或被背书人是否确为本收款人。背书转让的支票其背书是否连续，有无“不准转让”字样。

收银员检验时发现支票有不符合上述情形之一的，有权拒收支票。

3）查验持票人。收银员查看持票购物人的身份证与工作证，核对无误后，在备查簿中进行登记，留存购货单位联系人姓名及联系电话。

4）交存支票

①收银员填写支票交款单。支票交款单一式两份，内容包括收款项目、支票张数、收据张数、总计金额等。

②收银员将支票、销售发票及支票交款单一并交给出纳人员。出纳人员审核无误后，在支票交款单上签字盖章，一联留存，另一联退回收银员。

5）钱款到账，通知发货。财务人员在收到银行钱款到账通知后，安排业务人员发货。

（3）企业对于支票收银的具体规定

1）如遇5 000元以上的款项，不管任何单位，都必须倒进账，款到方能提货。

倒进账是指持票人将支票直接交存出票人开户银行，出票人开户银行根据支票划转款项。有别于持票人将支票背书转让给自己开户行。倒进账无须背书，并且款项到账较快，能有效防范空头支票，但要到出票人开户行办理。

2）5 000元以下的，属以下性质的单位，可以不倒进账，但需电话查询落实并登记，可直接提货。

①知名的大中型企业。

②行政单位，如省市政府、街道办事处、税务局、人保局、公安局、卫生局、环保局、教育局、公证处、工商管理部门等。

③事业单位，如部队、学校、公路征费处、电台、电视台、报社、科学研究院所、审计局、大中型医院等。

④经常到本单位购物的往来单位。

⑤有部门经理以上人员担保者。

3）不知名的小企业，如商贸有限责任公司、贸易公司、房地产公司、私营小企业、发展公司、专卖公司、实业公司、合作公司、个体户等，不管金额大小，一律必须倒进账，款到账后方能提货。

三、银行卡

1. 银行卡的定义类型

银行卡是指由商业银行（含邮政金融机构）向社会发行的具有消费信用、转账结算、存取现金等全部或部分功能的信用支付工具，包括借记卡、准贷记卡、贷记卡等。

银行卡按照不同的标准可进行以下划分：

（1）按银行卡是否能提供信用透支功能，可分为信用卡和借记卡，如图 3—39 所示。

- 银行卡
  - 信用卡
    - 贷记卡（可透支）
    - 准贷记卡（可透支）
  - 借记卡（不可透支）

图 3—39　银行卡分类

1）信用卡。信用卡是指银行或其他财务机构签发给那些资信状况良好的用户，用于在指定商户购物和消费，或在指定银行机构存取现金的特制卡片，是一种特殊的信用凭证，也是持卡人信誉的标志。信用卡是银行卡中出现最早，同时也是最重要的一个分类。

①信用卡按是否向发卡银行交存备用金，又分为贷记卡和准贷记卡两种。

a. 贷记卡是指发卡银行给予持卡人一定的信用额度，持卡人可在信用额度内先消费后还款的银行卡，具有一定的免息还款期。持卡人在到期还款日前偿还所使用全部银行款项即可享受免息还款期待遇，无须支付非现金交易的利息。

b. 准贷记卡是指持卡人须先按发卡银行要求交存一定金额的备用金，当备用金账户余额不足支付时，可在发卡银行规定的信用额度内透支的信用卡。

②信用卡按发卡行对申请人的资信状况及还款能力等因素评价的不同，又可分为金卡和普通卡。

a. 金卡是指发卡行根据申请人的资信状况及还款能力等因素，经审查认为条件较好，给予申请人较高的信贷额度的信用卡。金卡的信贷额度一般高于普通卡。

b. 普通卡是指发卡行根据申请人的资信状况及还款能力等因素，经审查认为符合发卡条件，但未能达到金卡发卡标准时，给予申请人普通卡。普通卡的信贷额度低于金卡。

2）借记卡。又称储蓄卡，是指先存款后消费（或取现）、没有透支功能的银行卡。其主要作用是储蓄存款，持卡人通过银行建立的电子支付网络以及卡片所具有的磁条读入和人工密码输入，可实现刷卡消费、ATM机上提现、转账、各类缴费，消费或提款时资金直接从储蓄账户划出。借记卡不能透支，卡内的金额按活期存款计付利息。借记卡的申办十分简单，开立一个储蓄账户即可申办一张借记卡，无须银行进行审批，一般可实现即办即取。借记卡按功能不同划分，又可分为转账卡、专用卡等。

①转账卡是指实时扣账的借记卡，具有转账结算、存取现金和消费功能。

②专用卡是指具有专门用途、在特定区域使用的借记卡，它具有转账结算、存取现金和消费功能。

(2) 按发卡对象划分，可分为单位卡（商务卡）和个人卡。

1) 单位卡（商务卡）。单位卡（商务卡）指由发卡银行向企事业、机关团体、部队院校等单位发行的银行卡，其使用对象为单位指定的人士。单位卡一般在卡正面的左下方有凸印的“DWK”字样，单位卡在境内只可以消费，不可以提取现金。

2) 个人卡。个人卡是指由发卡行向公民发行的银行卡。

(3) 按银行卡的使用范围划分，可分为国际卡、国内卡和地区卡。

1) 国际卡。国际卡是指可在全球任何一个国际信用卡组织或信用卡公司所属的收单银行或特约商户中使用的银行卡。

2) 国内卡。国内卡是指只能在发卡银行所在国家使用的银行卡。

3) 地区卡。地区卡是指只能在指定地区使用的银行卡。

(4) 按持卡人的从属关系划分，可分为主卡和附属卡。个人卡的主卡可为其家人或朋友申领附属卡，单位卡的主卡也可为单位其他同事办理附属卡。办理附属卡的条件和可申领附属卡的张数由各发卡银行自行规定。附属卡的有效期限与主卡相同，其所有交易款项均计入主卡账户，主卡持卡人对其附属卡产生的交易负责。主卡持卡人有权要求注销或止付其附属卡。

(5) 按银行卡的清算币种不同划分，可分为人民币卡、外币卡和双币种卡。

1) 人民币卡。人民币卡是指持卡人与发卡银行以人民币作为清算货币的银行卡，一般在境内使用。

2) 外币卡。外币卡是指持卡人与发卡银行以可自由兑换的外币作为清算货币的银行卡，可国际通用，常见的外币卡有美元卡和港币卡等。

3) 双币种卡。双币种卡是指近年来产生和发展起来的新卡种，其清算货币有两种方式：当持卡人在国内使用时，用人民币清算；当持卡人在境外使用时，用可自由兑换的外币进行清算。

(6) 按卡片信息的存储方式划分，可分为磁条卡、IC卡和复合金融卡。

1) 磁条卡。磁条卡是指将银行卡的有关信息置入银行卡背面专用的磁条内的银行卡。

2) IC卡。IC卡是指将银行卡的有关信息置入银行卡卡片专用的芯片（IC）内的银行卡。

3) 复合金融卡。复合金融卡是指芯片（IC）卡既可应用于单一的银行卡品种，又可应用于组合的银行卡品种，即磁条与芯片合一的复合型银行卡品种。

(7) 按国内发卡银行的发卡品牌区分。现在全国有80多家金融机构发行各类银行卡，每家金融机构都有基本固定的徽标形象，对发行的系列银行卡进行命名，作为本行银行卡品牌或者名称在全国推广并应用。例如，中国工商银行的牡丹卡、中国农业银行的金穗卡、中国银行的长城卡、中国建设银行的龙卡、中国邮政储蓄银行的绿卡、交通银行的太平洋卡等。

此外，全国各个城市银行也发行银行卡，如北京市商业银行的京卡、上海银行的申卡、广州商业银行的羊城卡等。

2. 银行卡的功能和特点

（1）银行卡的功能

1）银行卡能减少现金货币的使用。

2）银行卡能提供结算服务，方便人们购物消费，增强安全感。

3）银行卡能简化收款手续，节约社会劳动力。

4）银行卡能促进商品销售，刺激社会需求。

（2）银行卡的特点

1）银行卡是当今发展最快的一项金融业务之一，是一种可以在一定范围内替代传统现金流通的电子货币。

2）银行卡同时具有支付和信贷两种功能。持卡人可用其购买商品，还可通过使用信用卡从发卡机构获得一定的贷款。

3）银行卡是集金融业务与计算机技术于一体的高科技产物。

3. 银行卡品牌

（1）国际著名信用卡品牌

1）维萨卡（Visa）（见图 3—40）。作为维萨卡全球电子支付网络，VisaNet 是世界上覆盖面最广泛、功能最强和最先进的消费支付处理系统。目前，全世界有超过 2 000 万个特约商户接受 Visa 卡，还有超过 84 万台 ATM 机遍布世界各地。不论身在何处，人们都能方便地使用 Visa 卡。

图 3—40 维萨卡（Visa）

Visa 国际组织本身并不直接发卡。在亚太地区，Visa 国际组织有超过 700 个会员金融机构发行各种 Visa 支付工具，包括信用卡、借记卡、公司卡、商务卡及采购卡。

Visa 国际组织分别于 1993 年和 1996 年在北京和上海成立代表处。Visa 国际组织在国内拥有包括银联在内的 17 家中资会员金融机构和 5 家外资会员银行。

2）万事达卡（Master Card）（见图 3—41）。万事达国际组织于 20 世纪 50 年代末至 60 年代初期创立了一种国际通行的信用卡体系，旋即风行世界。1966 年，银行卡协会组织（Interbank Card Association）成立，1969 年银行卡协会购下了 MasterCharge 的专利权，统一了各发卡行的信用卡名称和式样设计。随后十年，将 MasterCharge 原名改名 Master Card。万事达国际组织是一个包罗世界各地财经机构的非营利协会组织，其会员包括商业银行、储蓄与贷款协会以及信贷合作社。其基本目标始终不渝：沟通国内及国外会员之间的银行卡资料交流，并方便发行机构不论规模大小都可进军银行卡及旅行支票市场，谋求发展。

3）大来卡（Diners Club）（见图 3—42）。大来卡于 1950 年由创业者 FrankMC-Mamaca 创办，是第一张塑料付款卡，最终发展成为一张国际通用的信用卡。1981 年美国最大的零售银行——花旗银行的控股公司花旗公司接受了 Diners Club International 卡。大来卡公司的主要优势在于它在尚未被开发的地区增加其销售额，并且巩固该公司在信用卡市场中所保持的强有力的位置。该公司通过大来现金兑换网络与 ATM 网络之间形成互惠协议，从而集中加强了其在国际间市场上的地位。

图 3—41　万事达卡（Master Card）

图 3—42　大来卡（Diners Club）

4）JCB 卡（Japan Credit Bureau）（见图 3—43）。1961 年，JCB 作为日本第一个专门的信用卡公司宣告成立。它是代表日本的名副其实的信用卡公司，其业务范围遍及世界上 100 多个国家和地区。JCB 信用卡的种类为世界之最，达 5 000 多种。JCB 的国际战略主要瞄准了工作、生活在国外的日本实业家和女性。为确立国际地位，JCB 也对日本、美国和欧洲等商户实现优先服务计划，将其包括在 JCB 持卡人的特殊旅游指南中。空前的优质服务是 JCB 成功的奥秘。

5）运通卡（American Express）（见图 3—44）。自 1958 年第一张运通卡发行以来，迄今为止美国运通公司已在 68 个国家和地区以 49 种货币发行了运通卡，构建了全球最大的自成体系的特约商户网络，并拥有超过 6 000 万的优质持卡人群体。

图 3—43　JCB 卡（Japan Credit Bureau）

图 3—44　运通卡（American Express）

美国运通公司凭借百余年的服务品质和不断创新的经营理念，保持着自己“富人卡”的形象。过去运通一直走独立发卡之路，从 1996 年才开始向其他金融和发卡机构开放网络，1997 年成立环球网络服务部（GNS），允许合作伙伴发行美国运通卡，利用运通网络带动合作伙伴的业务增长，强化竞争优势，增加边际利润，提高业务整合管理能力。至今 GNS 已与全球 90 多个国家的 80 个合作伙伴建立了战略合作伙伴关系，在亚太地区的 17 个国家拥有 28 个合作伙伴（包括中国工商银行）。

（2）我国主要发卡银行的银行卡品牌（见图 3—45）。中国工商银行——牡丹卡；中国农业银行——金穗卡；中国银行——长城卡；中国建设银行——龙卡；交通银

图 3—45　我国部分银行发行的银行卡

行——太平洋卡；中国邮政储蓄银行——邮政绿卡；中国民生银行——民生卡；中信银行——中信卡；广东发展银行——广发卡；深圳发展银行——发展卡；招商银行——一卡通；中国光大银行——阳光卡；浦发银行——东方卡；华夏银行——华夏卡；兴业银行——兴业卡；上海银行——申卡；深圳平安银行——吉祥卡（借记卡）、平安卡（信用卡）。

（3）银联卡。中国银联是经国务院同意，由中国人民银行批准设立的中国银行卡组织，成立于 2002 年 3 月，总部设在上海。

2003 年 3 月，中国人民银行发布了《关于统一启用“银联”标志及其全息防伪标志的通知》（以下简称《通知》）。该《通知》规定，各商业银行发行的限国内通用的银行卡必须在卡正面右下方指定位置标注统一的“银联”标志；可在国内外通用的“双账户”银行卡，必须在卡正面右上方指定位置标注统一的“银联”标志。

与一般银行卡相比，银联卡具有更强大的功能。它可以在全国五万多台 ATM 自动柜员机上使用，在三十多万台 POS 机上消费，这为持卡人在商务活动、外出旅游、购物消费时提供了极大的方便。在发展较快的城市，持卡人还可以享受到跨行转账、利用手机进行移动支付、交纳各种费用、网上支付等服务。目前，银联卡已经走出国门，可以在二十多个国家的 POS 机和四十多个国家的 ATM 自动柜员机上使用。

相关链接

“银联”标志的含义

“银联”标志以红、蓝、绿三种不同颜色银行卡的平行排列为背景，衬托出白颜色的“银联”汉字造型，突出了银行卡联网联合的主题。三种颜色，红色象征合作、诚信；蓝色象征畅通、高效；绿色象征安全。三种不同颜色银行卡的紧密排列象征着银行卡的联合。“银联”全息防伪标志主要包括立体天坛、双色背景、全息放大镜、银联图章等内容，如图 3—46 所示。

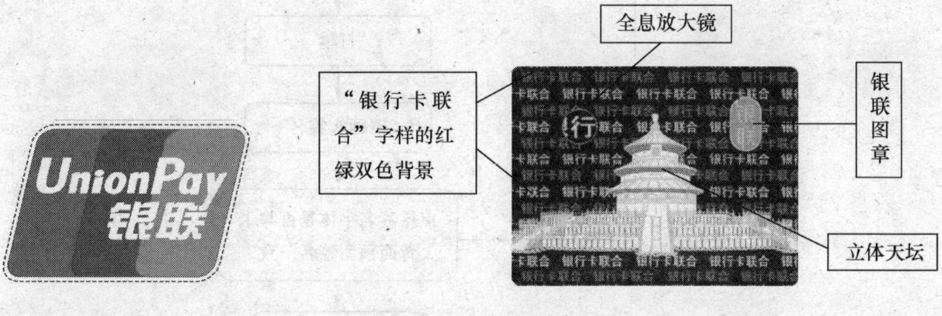

图 3—46 “银联”标志

4. 银行卡收银业务的操作

借记卡使用流程如图 3—47 所示，信用卡使用流程如图 3—48 所示。

在进行银行卡业务操作时，收银员必须记住“审、刷、输、对、签、核”几个步骤。

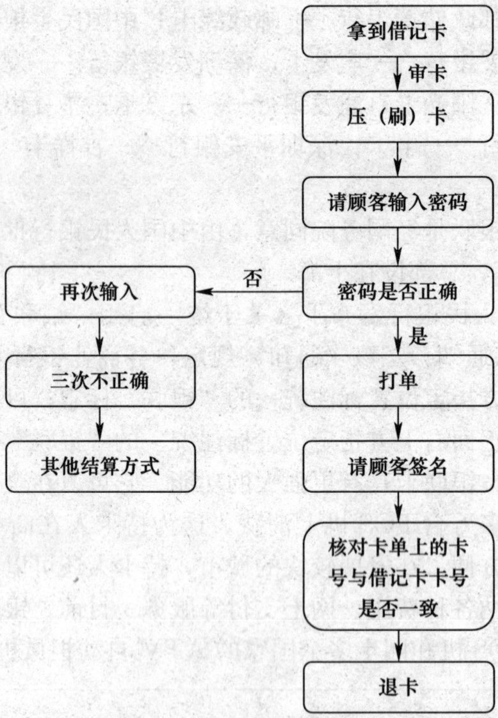

图 3—47　借记卡使用流程

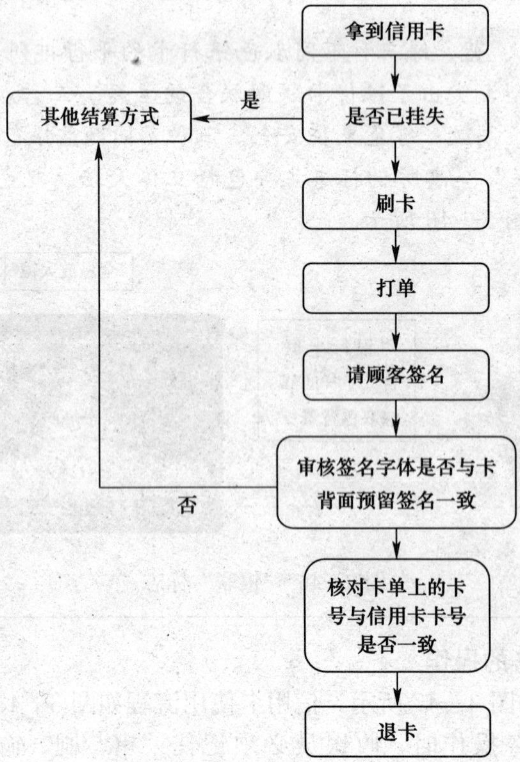

图 3—48　信用卡使用流程

审：确认收款机能否接受该银行卡进行业务操作，并确认银行卡是否有效。

刷：刷卡。

输：输入正确的消费金额。

对：核对金额是否正确。待金额正确无误后进行刷卡交易，并请顾客输入密码后打出业务回单。如果是无密码的信用卡，请顾客任意按六个数字键后即可发送，打出回单。

签：请顾客在回单上签名。

核：核对顾客在回单上的签名是否一致，如果一致，交易有效；如果不一致，向顾客确认，或请示主管。核对打印卡单上的卡号与银行卡的卡号是否一致。

业务操作结束后应返还顾客银行卡和单据。

如果因收银员操作疏忽而导致以下情况发生，发卡行将拒付相关交易款项，相关损失将由商户承担：

第一，受理卡面凸印卡号的前四位数字与上方或下方或下方平面印刷的微型四位数字明显不一致的伪卡或假卡。

第二，受理已经过有效期的卡片。

第三，受理剪角或损毁的废卡，或有明显标记的“样卡”“测试卡”。

第四，受理卡背面中文签名与卡面凸印的持卡人汉语拼音名明显不符的卡。

第五，卡背面签名及字迹与签购单上签名及字迹明显不符的交易。

第六，交易签购单上无持卡人签名的交易。

四、与收银业务相关的财务规定

1. 领取备用金

收银员上岗前（包括每日开店前和营业间重新上岗前）必须领取并设置收款机起始备用金，并将其放在收款机的钱箱内，每台收款机起始备用金相同，其目的是使所有收款机在收银时可顺利为顾客找零。领取备用金的流程如图 3—49 所示。

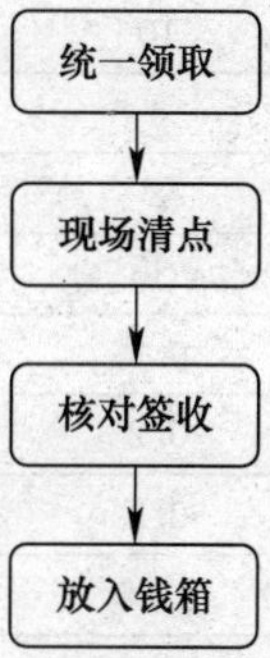

图 3—49　领取备用金的流程

（1）统一领取。收银员上岗前要统一领取备用金。收银员必须本人亲自去领，不得代领，以防出现问题时分不清责任。如果收银员本人确实有事暂时不能领，收银主管可以帮助保存，等待该收银员办完事情后，再到收银主管处领取。

企业的财务部门应根据不同的销售情况为收银员准备合适的备用金。

备用金应该包括各种面值的纸币及硬币，其金额可以根据营业规律来决定。比如，节假日和平日相比，备用金就应该更加充分，以免在客流量较大时零钱短缺，这样会影响收银速度。

（2）现场清点。收银员在领取备用金后应该当面清点，如发现不对，应当场解决，以免出现问题后难以说清。

（3）核对签收。收银员清点完备用金，确认无误后，应该在备用金领取单上签字。

（4）放入钱箱。收银员清点并签收后，才可以领走备用金，将其放入收款机的钱箱中，并按照不同面值把零钱放在不同的现金盘内，整理清楚。

2. 上缴营业额

大型商场或超市一般都设有总收款室（或财务室），以利于及时准确地结算每日的营业款。收银员下班时要将当天所收的全部现金、支票和银行卡签购单据等清点好，装入专用钱袋，填写好缴款单，送交到总收款室。缴款单的主要内容包括现金的面额及数量、收到支票的面额及数量、银行卡签购单金额及数量、各种抵用券和优惠券的面额及数量、预交收款数量以及最终汇总金额等。出纳要核对收银总账及收银员所填写的缴款单的金额，确认数额相符后在缴款单上签字确认。

上缴营业款的过程中应注意以下事项：

收银员不得在收银台上清点货款、整理票据，清点货款和整理票据必须在总收款室进行。

缴款单上的金额必须字迹清晰、明确，不得涂改。

出纳收款时如发现收银员多收或少收货款但不超出允许范围时，可在缴款单上注明多收或少收的金额。

出纳收款时如果发现金额短缺并超出允许范围，应要求收银员补上；如发现多收金额并超出允许范围，也应在缴款单上记录，见表 3—14。

表 3—14　　缴款单（核算表）

收银员：　　　　收银台号：　　　　日期：

现金（元）	数量	小计	卡、券、票	数量	小计
100			银行卡		
50			外卡		
20			记账卡		
10			优惠卡		
5			赠券		
2			商品券		
1					
0.5					
0.2					
0.1					
0.05			支票		
0.02			预收款		
0.01			挂账		
现金合计			卡、券、票合计		
现金差异			卡、券、票差异		
现金实缴合计			卡、券、票实缴合计		
备注					

缴款人：　　　　总收款室收款人：　　　　复核人：

第 4 节　设备知识

培训目标

→ 1. 了解收款机的基本结构及主要附属设备
→ 2. 熟悉点钞机、验钞机、税控收款机的使用常识
→ 3. 掌握收款机、POS 机的系统操作

一、收款机概述

世界上最早的收款机是 1879 年由美国的詹敏斯・利迪和约翰・利迪兄弟制造的“拨盘式先进出纳记录机”，其功能是进行营业记录备忘并监督所雇佣劳动者的行为，主要用于劳务管理。

20 世纪 60 年代后期，随着电子技术的高速发展，日本卡西欧公司于 1976 年率先研制成功了电子收款机（ECR）。电子收款机的技术性能和商业功能远远超过原来的机构式现金收款机，具有智能化、网络化、多功能的特点，成为在商业销售上进行劳务管理、会计账务管理、商品管理的有效工具和手段。

20 世纪 80 年代初期，功能强大的商业专用终端系统（POS）产生，成为第三代收款机。POS 机与 ECR 的最大区别在于它有着即时入账的特点，具有很强的网上实时处理的能力，POS 机将计算机的硬件和软件集成在一起，形成一个智能型的，既可独立工作，又可在网络环境下工作的商业工作站。

POS 是英文 Point of Sales 的缩写，通常被译为“销售终端”或“销售点实时处理系统”。这两种译法实际上包含了两重含义，销售终端面向交易前台 POS 机的应用；销售点实时处理系统是针对系统处理而言的，这种译法更全面、更能说明问题。

POS 之所以被称为销售终端，主要是因为它的出现使磁卡作为支付手段成为一种方便、快捷和安全的方式，并为人们所接受。伴随着智能卡技术的迅速发展及其应用领域的不断扩展，销售终端也不再仅仅局限于金融支付，而正在餐饮、烟草专卖、公交、旅游、社会保险、医疗和交通管理等领域被广泛使用。

POS 之所以被称为销售点实时处理系统，是因为它的主要任务是对商品交易提供服务和实时管理。具体内容包括：以不同的销售方式（如零售、批发、折让、折扣、调价、减价等），不同的结算方式（如现金、支票、信用卡等），不同的处理方式（如条码扫描、键盘数据录入、刷卡等）完成商品交易并产生所需要的收据；对商品销售信息进行统计和实时管理。例如，统计交易次数、时段销售金额、时段各类商品的销售量；自动更新库存量，提供可靠的存货信息；控制各类商品的库存量并管理商品的订货等。

二、收款机类型

1. 一类收款机

一类收款机是指只能单机使用，不可以联网，可以管理几个部门，能够管理少量商品单品的收款机。收款机处理程序固定在收款机内，收款机只能提供简单的统计报告，适用于小型零售业、便利店等。这一类收款机的品种繁多，一般不具备通信能力。

2. 二类收款机

二类收款机（见图 3—50）比一类收款机功能多，既可以单机运行，也能够联网运行，可以管理几个到几十个部门，可以管理一定数量的商品单品。二类收款机可以打印汉字，还可以连接多种外围设备，如条码扫描仪、票据打印机等。这一类收款机的品种较多，价格和性能上有一些差异，但二类收款机最大的特点是具有通信接口，能组成收银网络，可以由计算机进行商品设置，然后传给收款机。收款统计报告既能从收款机上得到，也可以从联网的计算机上得到。

3. 三类收款机

三类收款机（见图 3—51）又称 PC－BASE 型收款机，也称 POS 终端、POS 收款机。它的硬件基础是通用计算机的基本部件，生产时采用国际规范，标准化程度高，它在第二类收款机信息采集功能的基础上增加了信息处理的能力。它综合应用了计算机技术、通信技术、机械技术与商业管理理论。

图 3—50　二类收款机

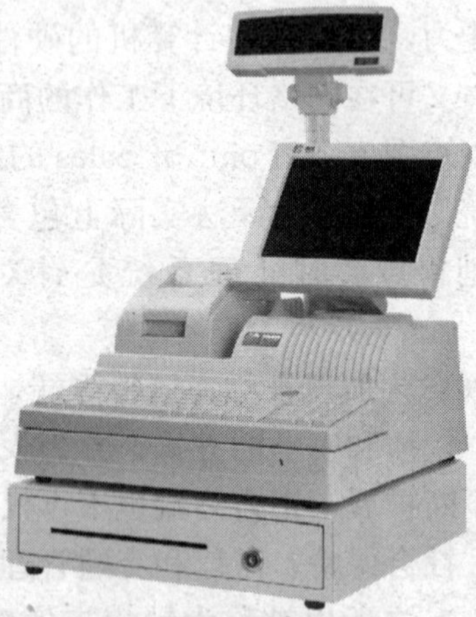

图 3—51　三类收款机

三类收款机既有计算机的通用接口，可以连接多种网络，又有适用于商业环境的专用接口，如磁卡阅读器、钱箱、条码阅读器外设接口，还具有针对商业环境的专用键盘，且每个按键都可以重新定义。由于应用环境复杂，其在抗干扰能力的要求、耐用性等方面远高于通用计算机。三类收款机的管理软件完全可以根据具体需要进行设计。目前，商场、超市常用的收款机多为三类收款机。

三、收款机的基本结构

1. 电子收款机的构成

电子收款机主要由电子器件和机械部件两类组成，有以下 7 个组成部分，其结构如图 3—52 所示。

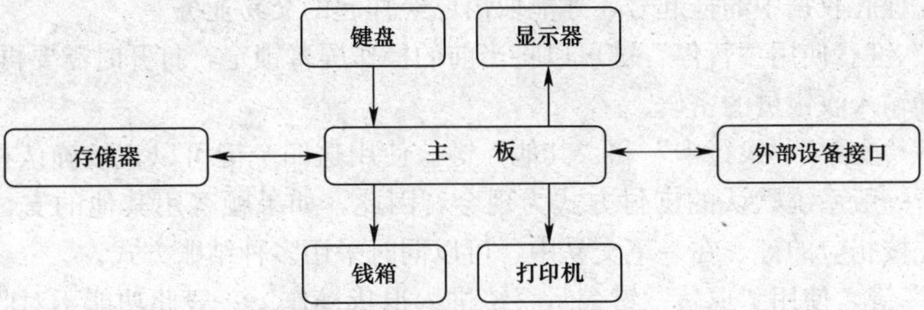

图 3—52　电子收款机的结构

（1）主板。中央数据处理部件，用于处理、计算由键盘输入的商品数量、金额等各种收款数据，并控制收款机的各种设备和部件。

（2）存储器。用于存储信息、数据和程序。

（3）键盘。用于输入各种销售数据及编程。键盘有机械式、电容式及薄膜式三种。前两种输入速度快，一般多用于商场、超市；后一种键盘具有防水、防尘的功能，一般多用于餐饮业。

1）数字键。数字键共 12 个，即“0～9”“00”和“.”，“0～9”和“00”用于数字的输入，“00”键相当于连续使用“0”键两次，“.”键主要用于输入单价时小数点的输入。

2）“Enter”键。“Enter”键也称“回车”键，它主要有两个用途：一是提示数据输入的结束，当收银员输入一个字符或数字时，计算机并不知道其是否是最后的字符或数字，所以“Enter”键用来表示字符或数字的输入结束；二是在屏幕出现反显亮条要确认数据输入正确时，由于收银员要输入很多数据，发生输入错误是不可避免的，所以在当前窗口的数据输入完毕，会给收银员提供修改数据的机会，待输入和修改完毕，会要求收银员确认数据的正确性，此时按下“Enter”键确认数据输入正确。而按其他键则表示数据还有错误，在这种情况下，收银员应使用光标移动键将光标移到错误的数据项上，对其做必要的修改。

3）光标移动键。“↑”“↓”“←”和“→”键可以使光标按箭头所指方向移动，但不会对数据造成修改；“Backspace”键为“倒退”键，可将当前位置上的字符删去，光标左移一格。

4）功能键。为了使收银员熟练掌握各项功能，简化操作程序，除了上面几种基本键外，各种 POS 系统都允许顾客自己定义功能键。一般常设置的功能键包括以下几种：

“结账”键。交易结束时，按“结账”键可直接进入结账阶段。

“确认”键。使用“确认”键可以确认当前进行的操作，“确认”键还可以在系统提示选择“是/否”时表示“是”。

“取消”键。使用“取消”键可以放弃当前的操作，“取消”键还可以在系统提示选择“是/否”时表示“否”。

“挂起”键。使用“挂起”键可挂起当前的交易，也可以取出挂起的交易，一般的系统都支持多笔业务的挂起。执行挂起业务时，一定要打印出挂起收据，并交给顾客，根据顾客凭挂起收据中的挂起号，才能取出已经挂起的交易业务。

“暂停”键。使用“暂停”键可以将当前的操作屏幕锁定，打开时需要再按“暂停”键，并正确输入收银员的密码。

“礼券”“支票”“银行卡”和“其他”键。使用这四个键可以直接确认相应的支付方式。由于一般系统默认的支付方式为现金，因此，如果顾客用其他的支付方式结账时，必须先按相应的键。在一笔交易中，可以同时采用多种结账方式。

“退货”键。使用“退货”键表示系统进入退货操作。一般此功能不对收银员直接开放，收银员执行此操作时，需请示收银主管。

“优惠”键。使用“优惠”键可对本笔交易的所有商品进行优惠。一般此功能也不对收银员直接开放，收银员执行此操作时，需请示收银主管。

“删除”键。使用“删除”键可以删除整笔交易中的任何一笔明细。一般此功能不对收银员直接开放，收银员执行此操作时，需请示收银主管。

“退出”键。使用“退出”键可以直接退出销售系统。

“检索”键。使用“检索”键，可以根据价格或商品编号等信息检索商品。

“钱箱”键。使用“钱箱”键可以打开钱箱，完成操作后推上钱箱，钱箱即自动加锁。

5）挡的设置。收款机键盘的右上角有一个钥匙插孔，通常分为0～3挡，每挡有不同的设置，可以用来控制不同的使用权限，例如，0挡为关闭状态挡；1挡为收银员挡；2挡为操作员、收银主管挡；3挡为计算机挡。

（4）打印机。用于打印销售发票和管理存根。

（5）显示器。用于方便收银员和顾客进行人机对话。电子收款机的显示器一般有两台，一台是收银员用的，一台是提供给顾客用的。

1）收银员显示器。收银员显示器为收银员执行各项相应的操作提供可视界面。目前多使用9寸或10寸单色显示器，相对于经济型的彩色显示器而言，其显示得更清晰、更稳定，使收银员长时间注视屏幕时眼睛不容易疲劳。

2）顾客显示器。顾客显示器是面向顾客显示交易的商品品名、价格、总额等信息的仪器。

顾客显示器一般可以旋转，通常其最多可显示两排字符，显示语种有英文和中文，处于收款状态显示的字体颜色通常有绿色、红色和黄色等，但没有录入商品信息之前，顾客显示器没有任何显示。输入商品时，顾客显示器会显示该商品及其价格信息，完成后显示总计金额、收银金额和找零金额等。

（6）钱箱。用于存放现金，同时它还可以存放支票、礼券、优惠券或其他相关的票据。钱箱内部分为若干个格子，可将各类不同面值的钞票分开存放，便于收银员找零。

钱箱前面面板上通常配有锁，收银员可通过钥匙控制钱箱的开关、锁定，也可在非锁定状态下通过 POS 键盘控制钱箱的开启。一般钱箱会带有电子控制的开关装置。

（7）外部设备接口。用于连接条形码扫描器、打印机和电子秤等。一般不同的收款机采用不同的外部接口。

2. POS 收款机的构成

POS 收款机源于电子收款机。POS 收款机主要由条形码扫描器、电子收款机及磁卡读写器组成，如图 3—53 所示。

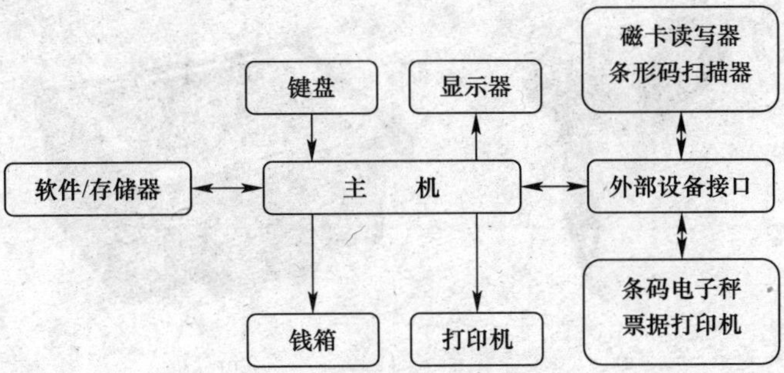

图 3—53　POS 收款机的组成

（1）主机。包括中央处理器及主板，是 POS 收款机的主要部分。它由 CPU、POS 专用主板、内存和硬盘等几个主要部件组成。用于存储软件及执行程序，并处理存储交易时产生的各类数据。收款机的其他部分都是直接连接在主机上的，因此，在收款机主机的背面有很多接口，其中主要包括以下 9 种：

1）电源输入、电源输出和微型票据打印机电源输出。

2）串行口。用于连接串口设备，如顾客显示器、刷卡设备等，有些收款机的主机个别串口带有电源，可提供如顾客显示器之类外设的工作电源。

3）并行口。通过打印数据线连接微型票据打印机。

4）VGA 接口。收银员显示器显示信号接口。

5）网卡接口。用于将收款机连接成为局域网。

6）键盘接口。可连接 PC 键盘、POS 键盘或键盘接口的条形码扫描器。而 POS 键盘通常都带有键盘输出口，因此，可将条形码扫描器或 PC 键盘连接在 POS 键盘上。

7）鼠标接口。

8）钱箱接口。部分收款机的主机上有此接口，而大部分的钱箱是由微型票据打印机来控制的，即钱箱是连接到票据打印机上的。

9）通用串行总线。部分主机有此接口，用于连接此类接口的设备。

（2）软件/存储器。大多使用计算机上的硬盘机或软盘驱动器作为收款机软件及数据存储器，因为其存储容量大，使用方便。

（3）显示器。

（4）键盘。一般 POS 收款机配备有专用键盘。

（5）打印机。电子收款机除内置打印机外，还可连接外置打印机，如餐饮业中所用的厨房打印机和票据打印机等。

（6）外部设备接口。

四、收款机的主要附属设备

1. 条形码扫描器

条形码扫描器也称条形码阅读器，是条形码的读入装置，如图 3—54 所示。从外观上可分为手持式（有线、无线）和台式两种，按光源可分为红外光和激光两种。

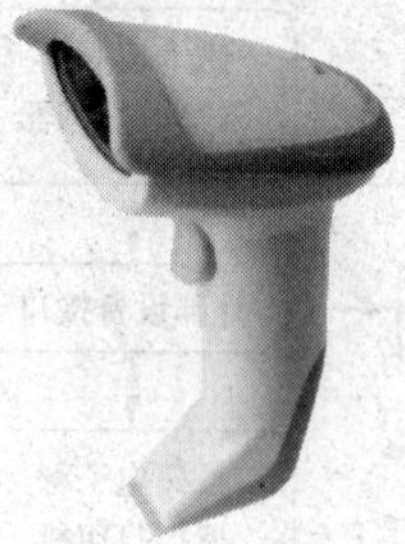

a)

b)

图 3—54　条形码扫描器

a）手持式条形码扫描器　b）台式条形码扫描器

2. 磁卡读写器

磁卡读写器是一种磁记录信号的读入或写入装置，如图 3—55 所示。它可将银行卡、商家发行的优惠卡、会员磁卡记录的信息读入收款机。它的种类和型号较多，从磁迹数量上区分为单轨、双轨和三轨三种。

图 3—55　磁卡读写器

（1）磁卡是一种涂有磁条的塑料卡，磁条的磁道上存有代码信息，这些信息包括发卡机构、服务项目、有效期、客户姓名和账号等。磁卡被广泛地应用于金融交易卡或信用卡，它可以取代现金进行货币兑换和交易。

（2）当信用卡通过磁卡阅读器时，它能读出信用卡中的信息并将信息传到相连的收款机，还可以根据需要修改信用卡中所存的信息。收款机可以通过调制解调器、电话线与银行的自动服务系统相连，也可以先连接到一台专用计算机上，然后再由计算机与银行的自动服务系统相连，这样就完成了对信用卡的处理，使持卡人可以在商场方便地购物和消费，而不必用现金交易。使用银行卡时，磁卡读写器还配有密码小键盘，以便顾客输入密码。

3. 电子秤

现场称重计量商品时，电子秤将商品质量及其数据传递给收款机，如图 3—56 所示。

4. 条码电子秤

对一些拆分包装、质量不等的商品，使用条码电子秤，除称重外，还可打印该种商品带有价格的条码，如图 3—57 所示。

图 3—56　电子秤

图 3—57　条码电子秤

5. 票据打印机

完成定制票据或账单打印。打印机打印的票据内容通常有店名、时间、交易号、收款机号码、商品品名、数量、单价、总价、商品编码或商品条形码以及收款金额、找零金额等。微型票据打印机通常分为以下两类：

（1）热敏票据打印机（见图 3—58）。使用卷式热敏收银纸，通过打印机的热敏打印头发热在纸上烫出相应的字迹，其优点是打印速度快，字迹清晰、美观，但热敏纸的成本相对较高。

（2）点阵式票据打印机（见图 3—59）。采用普通卷式收银纸，并需要安装色带，通过打印头的打印针打印相应的字迹，其缺点是打印速度较慢，打印效果由打印针完整与否及色带浓淡程度而定，而且点阵式票据打印机的成本通常要高于热敏票据打印机，

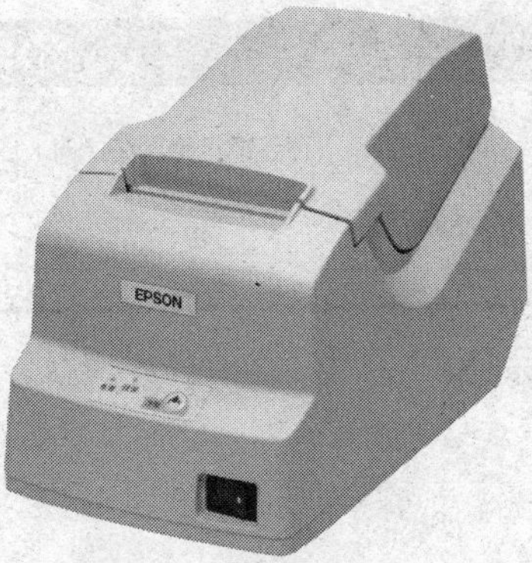

图 3—58　热敏票据打印机

图 3—59　点阵式票据打印机

但它可以打印多层感压纸，可满足某些场合的特殊需要。

五、收款机的软件系统与操作

当前，商品流通企业所使用的收款机的软件系统版本很多，本书仅以市场上较普遍应用的“兴业商业收银系统”为例，使收银员对收款机的软件系统与操作有一个基本的认识和把握。

1. 系统简介

（1）系统登录

1）联网。联网状态下，系统启动快，登录界面如图 3—60 所示。

图 3—60　登录界面

用户名输入框显示人员代码＋人员姓名。

注意：基于系统严谨的权限控制，只有系统管理员、收银主管、收银员才能在前台 POS 机上登录。

2）断网。本系统支持断网销售。断网状态下，系统启动比较慢，在经过 1 min 左右的等待后，将出现“不能连接网络数据库”的错误提示，如图 3—61 所示。

图 3—61　断网的提示

回车确定后，登录界面如图 3—62 所示。

用户名输入框只显示人员代码。

（2）界面说明

1）主界面。联网状态下，系统登录后主界面如图 3—63 所示。

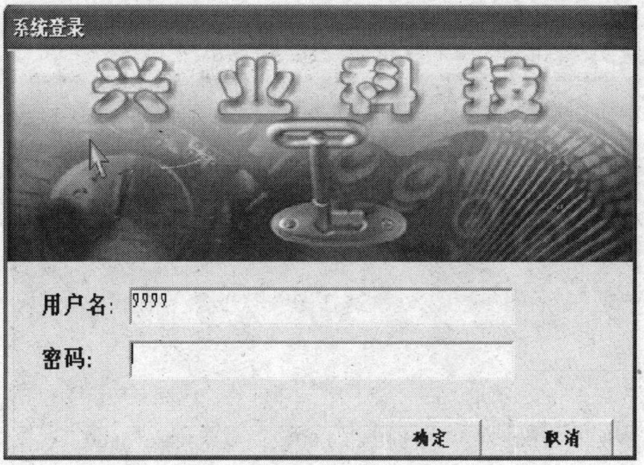

图 3—62　恢复登录界面

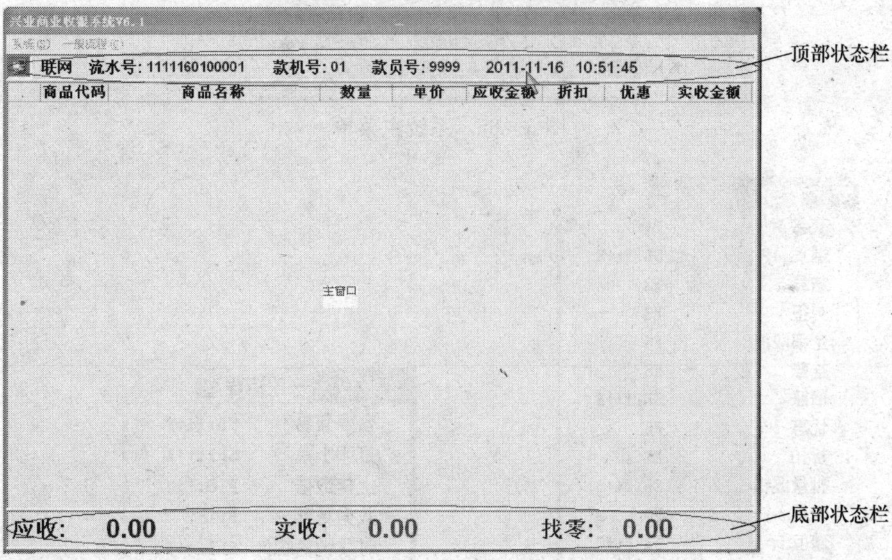

图 3—63　主界面

顶部状态栏显示联网运行。断网状态下，系统登录后主界面如图 3—64 所示。

顶部状态栏显示断网运行；断网两个汉字红黄闪烁。

无论是联网还是断网，系统都可以正常进行收银操作。进入收银系统后，需要检查顶部状态栏的流水号、款机号、款员号、日期、时间是否正确无误。

其中：流水号＝年月日（111116）＋ 收款机号（01）＋5 位交易号（00001）。

注意：每天第一次进入系统时，5 位交易号会自动从 1 开始；系统自动进行一次数据更新，将最新商品资料下载至 POS 机。

2）菜单。系统主菜单如图 3—65 所示。

一般流程子菜单如图 3—66 所示。

系统子菜单如图 3—67 所示。

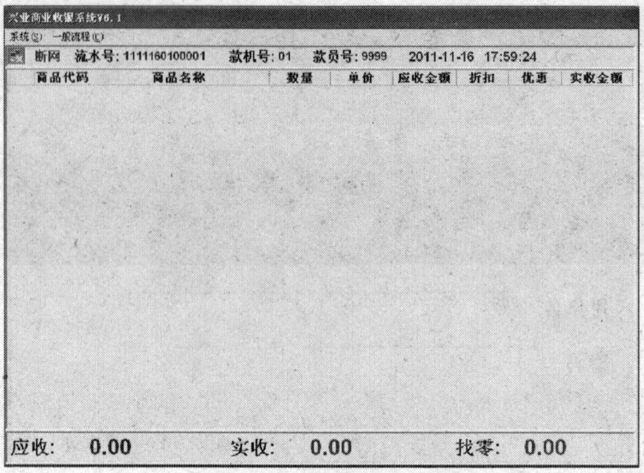

图 3—64 断网后登录界面

图 3—65 系统主菜单

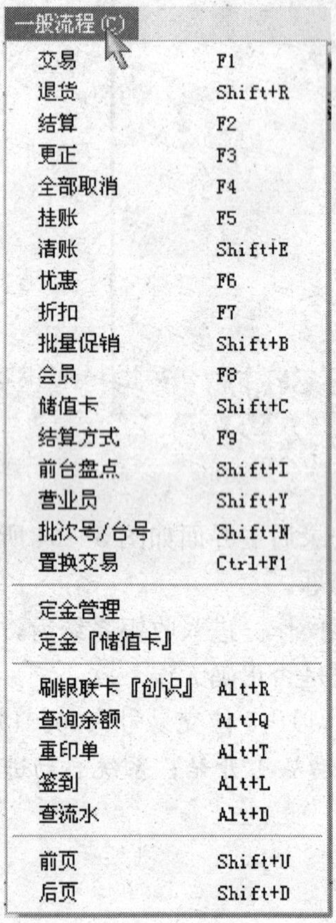

图 3—66 一般流程子菜单

图 3—67 系统子菜单

2. **一般流程**

（1）常用功能

1）交易。按下 F1 键进行交易作业，出现交易窗口，如图 3—68 所示。

图 3—68　交易窗口

此时，顶部状态栏显示交易，如图 3—69 所示。

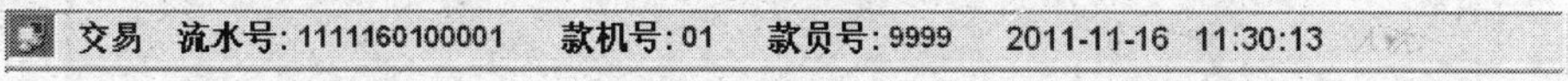

图 3—69　顶部状态栏显示交易

在交易窗口中输入商品代码后回车或扫描商品条码，主窗口显示所售商品，如图 3—70 所示。

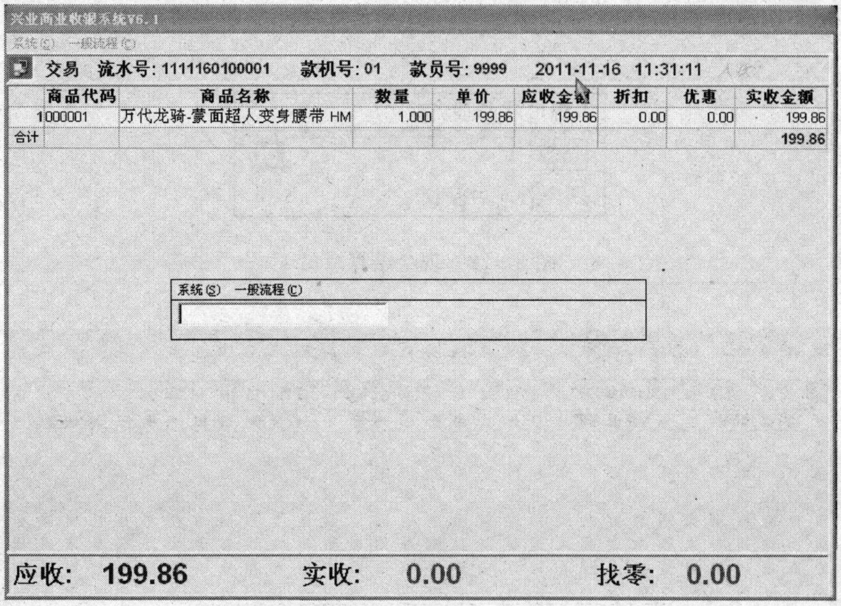

图 3—70　主窗口显示所售商品

注意：可以使用数量＊代码来处理一个顾客买多件同样商品的情况。

例如，如果顾客买了 000886 商品 6 件，则可以输入：6＊000886 回车后，主窗口如图 3—71 所示。

在交易进行中，未结算前不允许退出收银系统。

2）结算。交易完成后，按下 F2 键进行现金结算作业，出现现金结算窗口，如图 3—72 所示。

输入顾客所付金额后回车，系统自动计算找零，如图 3—73 所示。

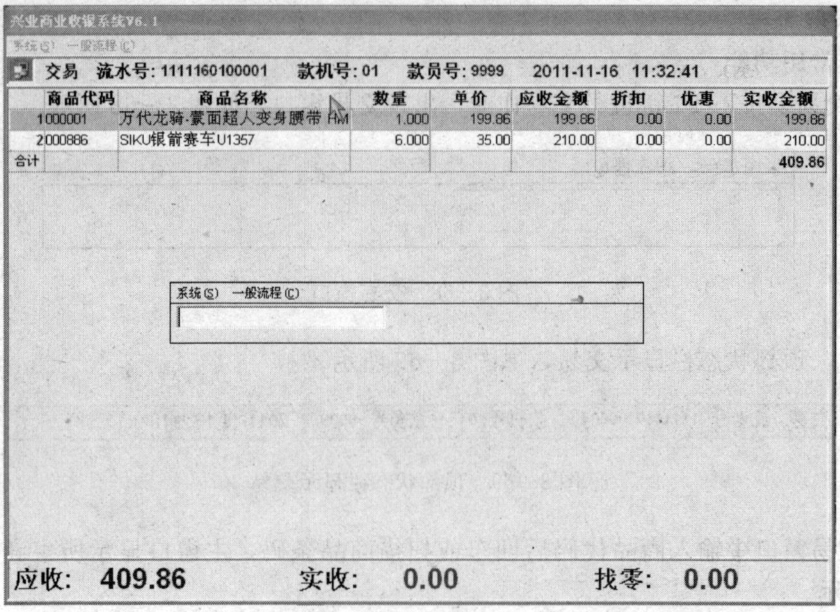

图 3—71 主窗口显示

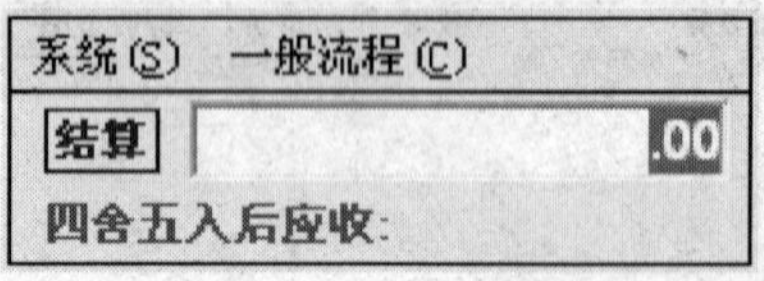

图 3—72 现金结算窗口 1

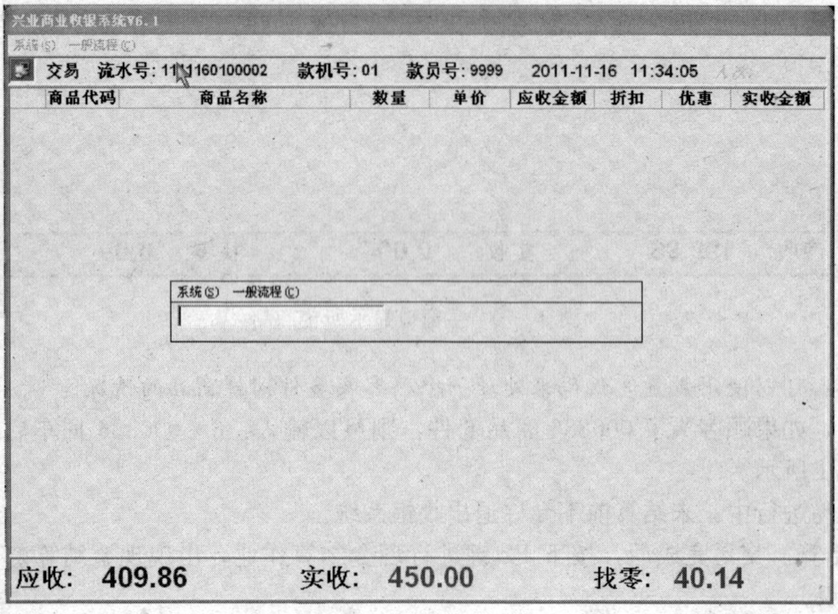

图 3—73 现金结算窗口 2

注意：5 位交易号将自动进行递增。

3）退货。按下 Shift＋R 键进行退货作业，出现按之前的销售小票退货窗口，如图 3—74 所示。

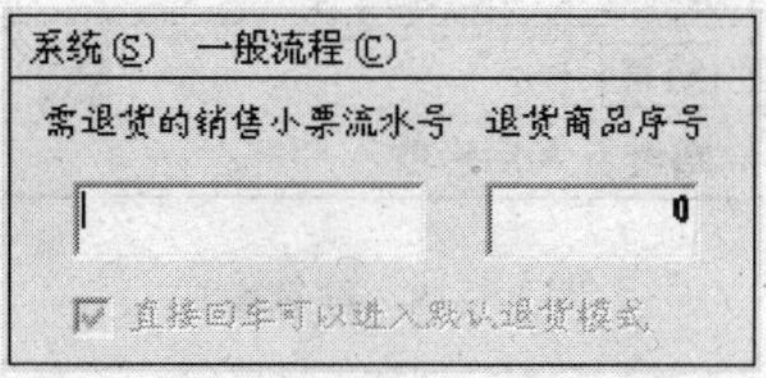

图 3—74　销售小票退货窗口

如无须按小票退货，则回车后进入任意商品退货窗口，如图 3—75 所示。

图 3—75　任意商品退货窗口

此时，顶部状态栏显示退货，如图 3—76 所示。

图 3—76　顶部状态栏显示退货

在退货窗口中输入商品代码后回车或扫描商品条码，主窗口显示所退商品，如图 3—77 所示。

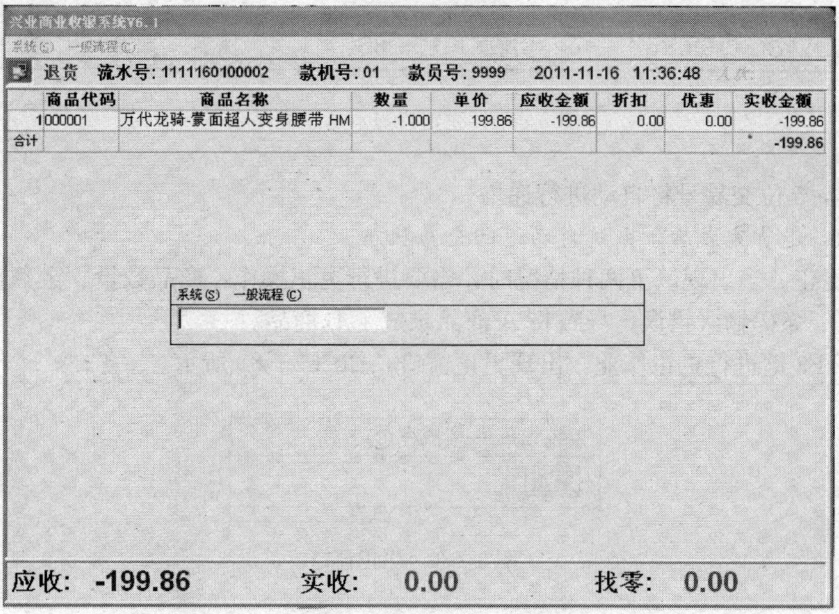

图 3—77　主窗口显示所退商品

这里，退货数量自动为负。在退货进行中，未结算前不允许退出收银系统。

退货完成后，按下 F2 键进行结算，出现结算窗口，如图 3—78 所示。

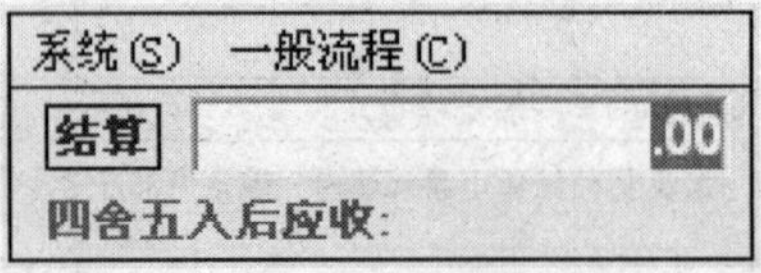

图 3—78　结算窗口

无须输入金额，直接回车，如图 3—79 所示。

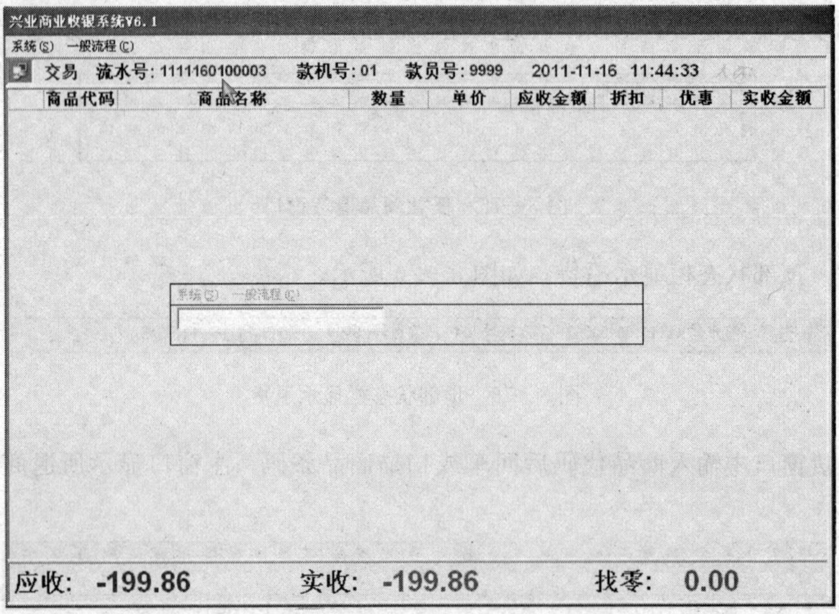

图 3—79　主窗口显示所退商品

同样，5 位交易号将自动进行递增。

注意：退货完成后，系统自动返回交易状态。

4）更正。当出现以下两种情况时，需要进行更正操作：商品数量、金额输入错误；商品代码、条码输入错误，导致将 A 商品录成了 B 商品。

按下 F3 键进行更正作业，出现更正窗口，如图 3—80 所示。

图 3—80　更正窗口

输入错误交易商品记录的小流水号后回车，主窗口图如图 3—81 所示。

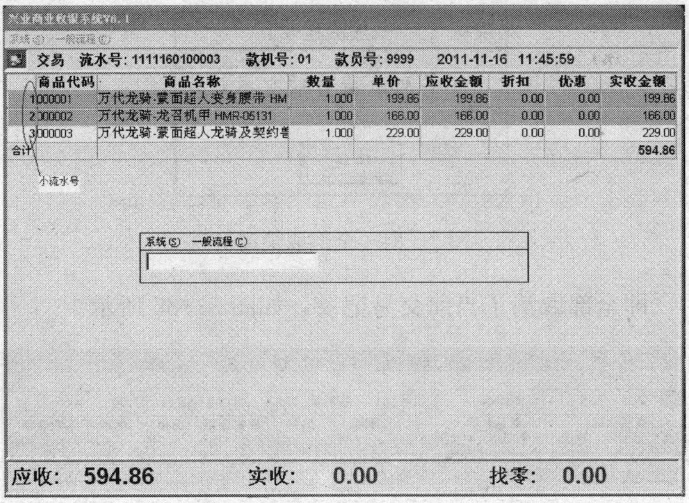

图 3—81　主窗口图

交易了 3 种商品，更改图 1 如图 3—82 所示。

图 3—82　更改图 1

更正第 2 条交易商品记录，如图 3—83 所示。

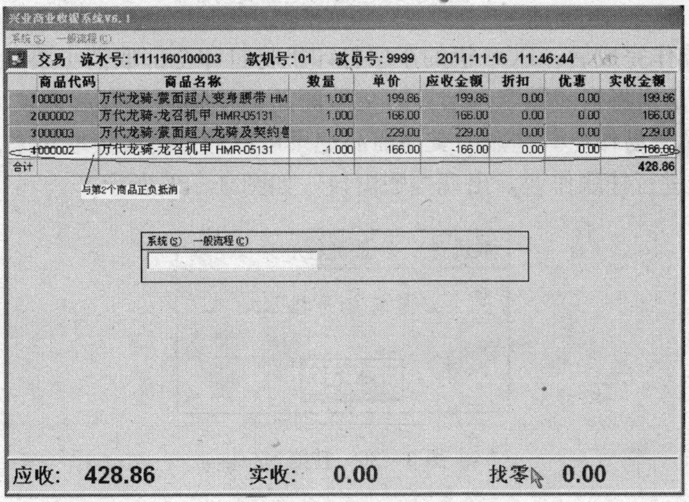

图 3—83　更改图 2

这里，图示已更正了第 2 条交易商品记录，第 4 条抵消了第 2 条。

5）全部取消。按下 F4 键进行全部取消作业，出现全部取消窗口，如图 3—84 所示。

单元 3

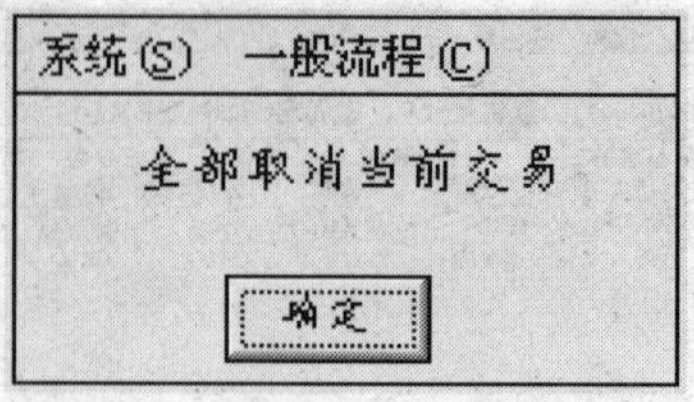

图 3—84　全部取消窗口

回车确定后，即全部取消了当前交易记录，如图 3—85 所示。

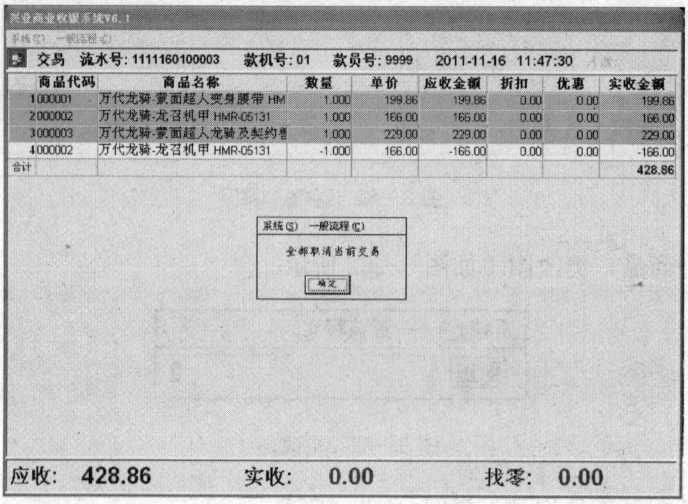

图 3—85　取消全部交易

全部取消操作完成后，POS 机的小票打印机将打印全部取消小票。

6）挂账。是指将当前顾客未结算的交易商品记录临时保存起来，而能继续与下一位顾客进行商品交易作业。挂账的交易商品记录可以通过清账读取出来。

按下 F5 键进行挂账作业，出现挂账窗口，如图 3—86 所示。

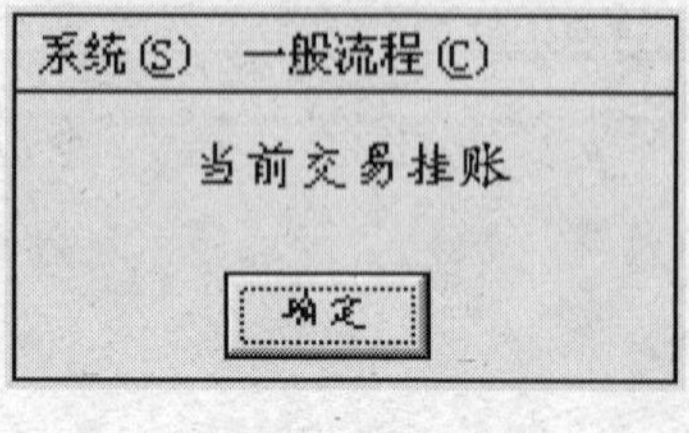

图 3—86　挂账窗口

回车确定后，即将当前交易记录挂账，如图 3—87 所示。

挂账操作完成后，POS 机的小票打印机将打印挂账小票，将挂账小票交给顾客，等其回来再按小票上的流水号进行清账作业。

7）清账。是指将挂账的交易商品记录读取出来。按下 Shift＋E 键进行清账作业，出现清账窗口，如图 3—88 所示。

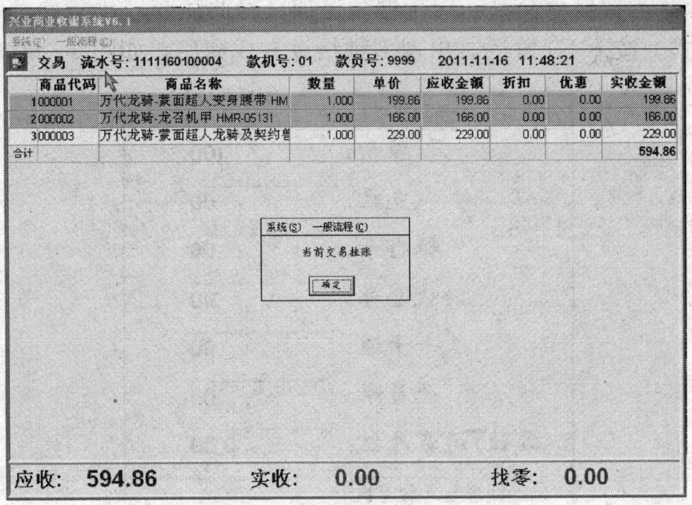

图 3—87 当前交易记录挂账窗口

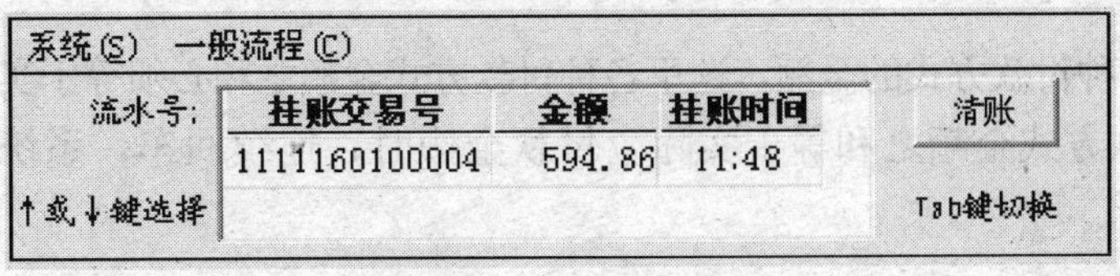

图 3—88 清账窗口 1

系统自动检索当天本 POS 机上所有的挂账记录，以方便清账操作。

操作方法：首先使用上下箭头键移动焦点到需要清账的记录上，然后按 Tab 键将光标移到清账按钮上，回车，即将所选择的挂账交易流水号的原交易记录读取出来，如图 3—89 所示。

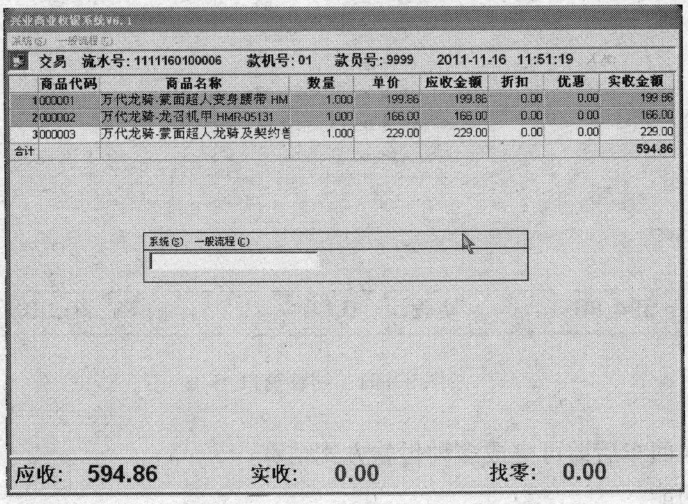

图 3—89 清账窗口 2

此时，顶部状态栏显示交易，等待继续追加交易商品或进行结算。

8）结算方式。按下 F9 键后，出现多种结算方式窗口，如图 3—90 所示。

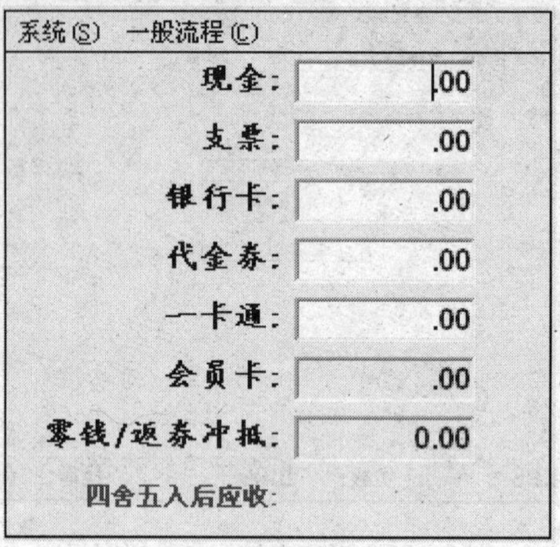

图 3—90　多种结算方式窗口

输入顾客各种付款方式的金额，这里各种付款方式金额之和必须等于实际应付款金额。

当各种付款方式金额之和等于实际应付款金额时，连续回车，系统自动进行结算，如图 3—91 所示。

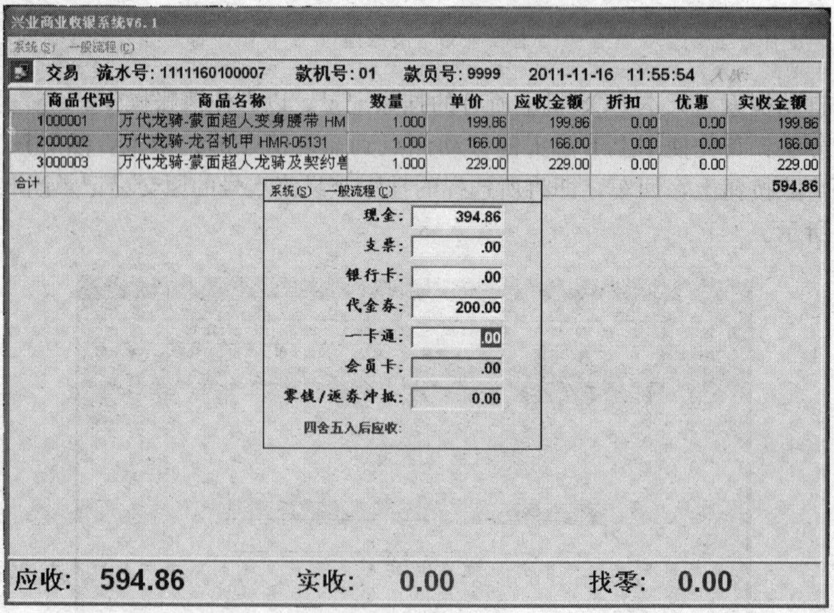

图 3—91　结算窗口

此时，再次回车后即可完成多种付款方式结算。

（2）其他功能

1）优惠。是指实现交易商品的金额优惠。按下 F6 键进行优惠作业，出现优惠窗口，如图 3—92 所示。

图 3—92　优惠窗口

输入需要优惠的交易商品记录的小流水号后回车，光标将移到优惠金额输入框，输入优惠金额，如图 3—93 所示。

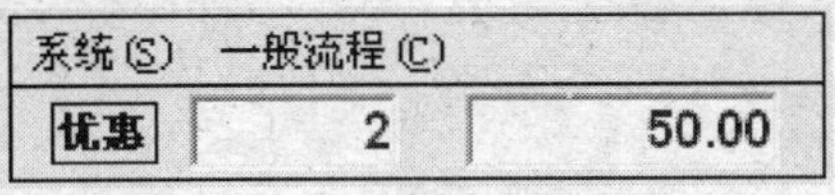

图 3—93　输入优惠金额

回车后，即对指定的交易记录进行优惠，如图 3—94 所示。

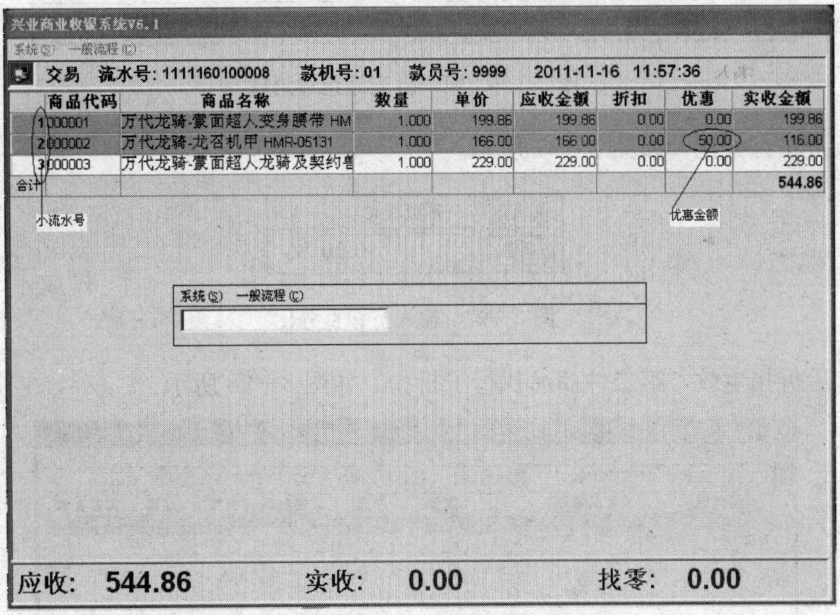

图 3—94　对指定交易记录进行优惠

2）折扣。可以进行单品折扣（在该单品交易之前输入折扣百分比，该单品交易之后取消折扣）或整笔交易折扣（在整笔交易之前输入折扣百分比）。

按下 F7 键进行折扣作业，出现折扣窗口，如图 3—95 所示。

例如，现进行某次单品折扣操作：

图 3—95　折扣窗口

第一件商品正常销售，如图 3—96 所示。

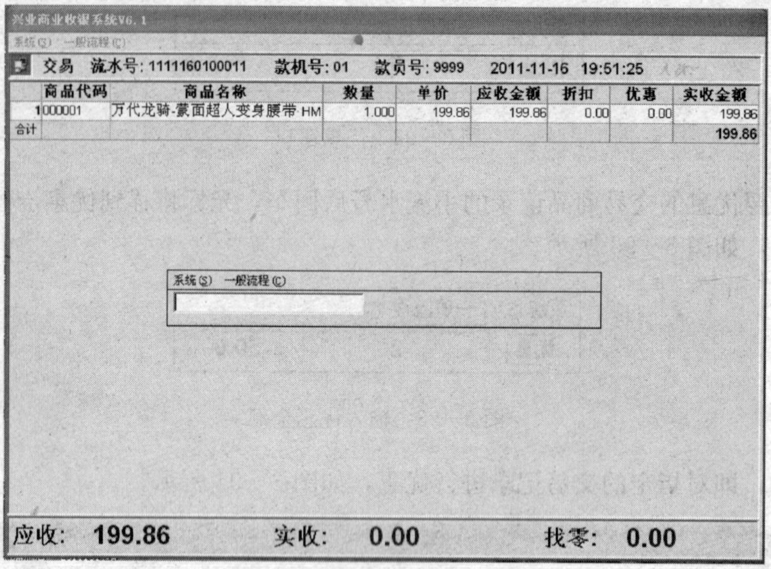

图 3—96 第一件商品正常销售

输入折扣百分比，如图 3—97 所示。

图 3—97 输入折扣百分比

回车后折扣生效，第二件商品执行了折扣，如图 3—98 所示。

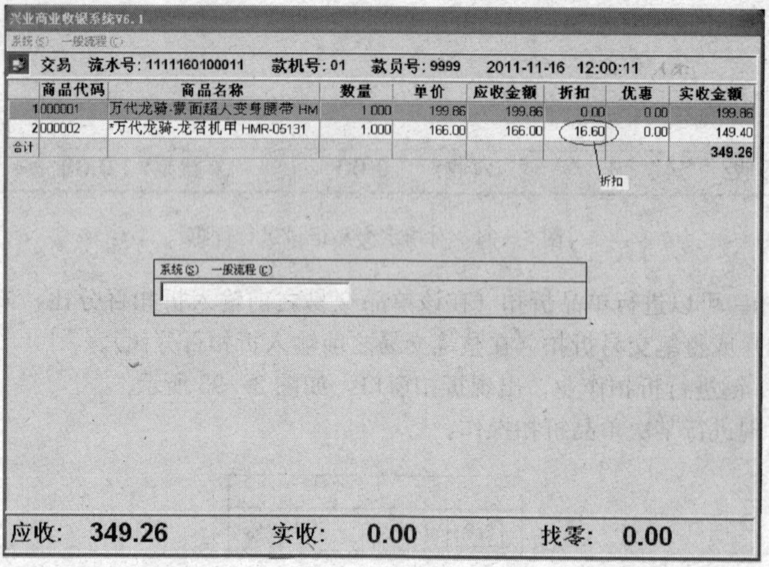

图 3—98 第二件商品销售执行了折扣

取消折扣，输入折扣百分比 0.00，如图 3—99 所示。

图 3—99 输入折扣百分比

回车后折扣取消，第三件商品无折扣，如图 3—100 所示。

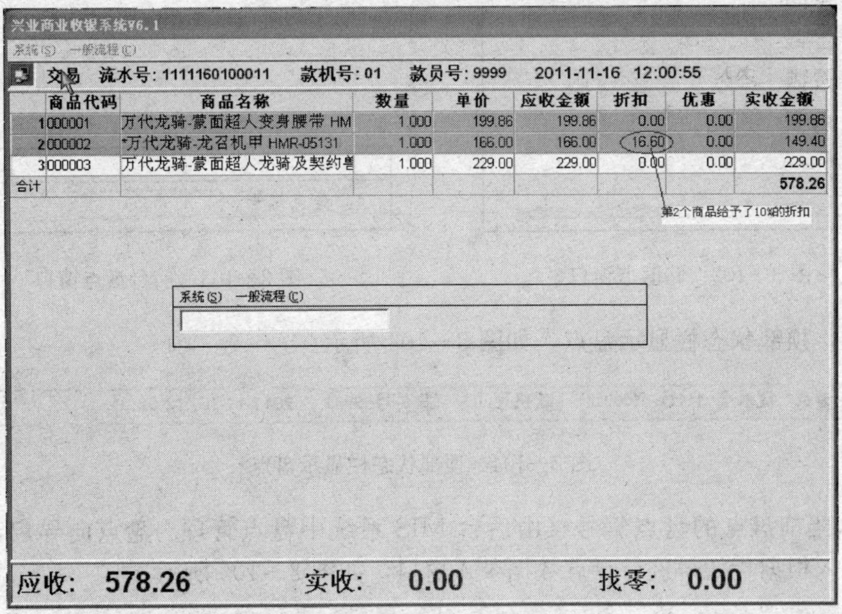

图 3—100 第三件商品销售无折扣

这里，对小流水号为 2 的交易商品给予了 10%的折扣。

3）会员。用于处理除储值卡外的折扣、积分卡。按下 F8 键进行会员卡作业，出现会员卡窗口，如图 3—101 所示。

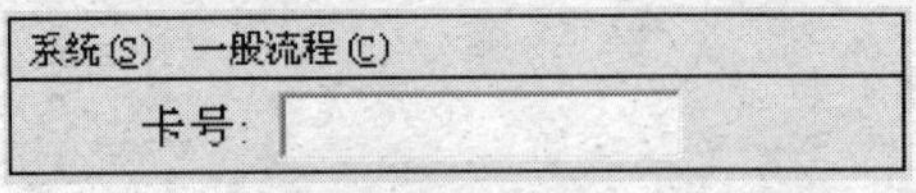

图 3—101 会员卡窗口

输入会员卡号或刷卡，系统检查卡号无误后，根据卡的设定采取不同处理。

4）储值卡。支持一笔交易划多张储值卡。按下 Shift＋C 键进行储值卡作业，出现储值卡窗口，如图 3—102 所示。

输入储值卡号或刷卡，输入密码，系统检查无误后，提取卡余额，光标移到确定按钮上。

如果卡余额≥消费额，则确定后划卡，结算成功。

如果卡余额＜消费额，则确定后提示是否划下一张储值卡，选择“是”，则重复上述流程；选择“否”，则进入多种付款方式，差额补现金。

在未做商品交易时，可通过此模块随时查询储值卡余额。

5）前台盘点。前台盘点即由前台录入实物盘点数据。按下 Shift＋I 键进行前台盘点作业，出现前台盘点窗口，如图 3—103 所示。

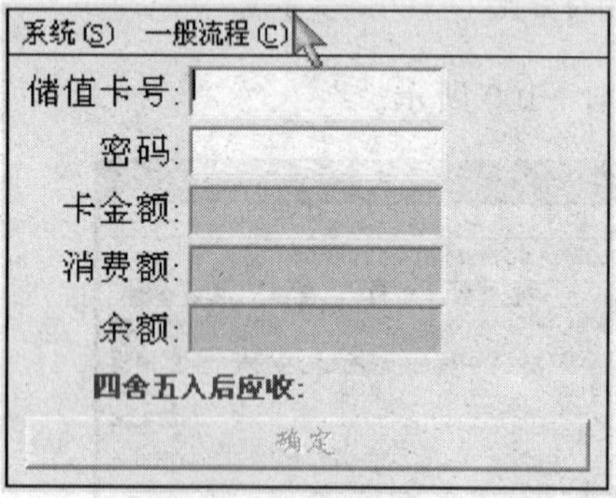

图 3—102　储值卡窗口

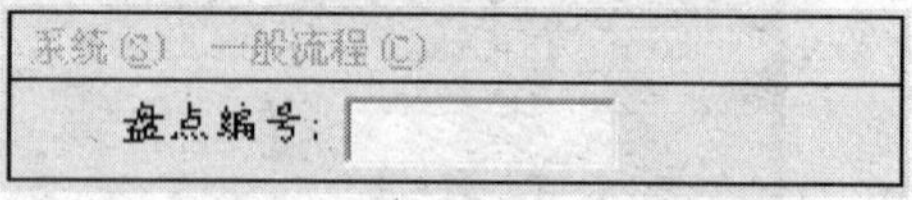

图 3—103　前台盘点窗口

此时，顶部状态栏显示盘点，如图 3—104 所示。

图 3—104　顶部状态栏显示盘点

输入当前盘点的盘点编号（由后台 MIS 系统中盘点管理—盘点向导启动）后回车，即进入根据货架号进行盘点数据录入窗口，如图 3—105 所示。

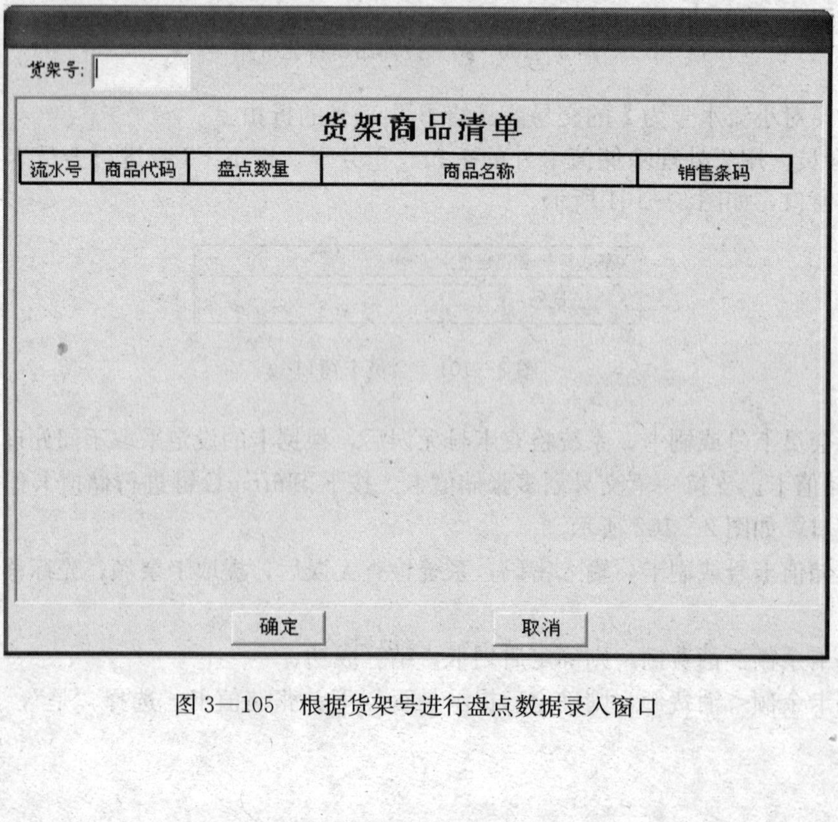

图 3—105　根据货架号进行盘点数据录入窗口

如未采用货架盘点，则直接回车后进入系统默认盘点数据录入窗口，如图 3—106 所示。

图 3—106 系统默认盘点数据录入窗口

输入商品代码或扫描条形码，输入实盘数量，如图 3—107 所示。

图 3—107 输入数据

回车后，主窗口显示所盘商品，如图 3—108 所示。

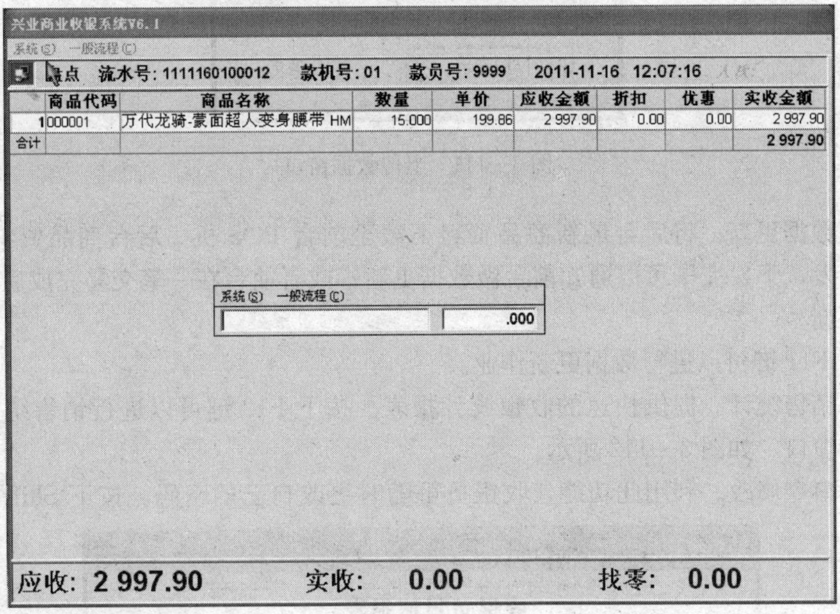

图 3—108 主窗口显示所盘商品

逐条录入盘点数据，直至盘点完成后，按下 F2 键进行结算作业，这时无须输入结算金额，直接回车即可完成盘点数据存盘。

建议：每录入 30 条左右商品盘点记录后即进行存盘。

3. 系统管理

(1) 暂停交易。按下 Shift＋W 键可以暂停交易作业，出现暂停交易窗口，如图 3—109 所示。

输入正确的登录人员的密码，可以关闭该窗口，恢复交易作业。

(2) 打印小票。按下 Shift＋A 键可以重复打印销售小票，出现小票打印窗口，如图 3—110 所示。

图 3—109　暂停交易窗口

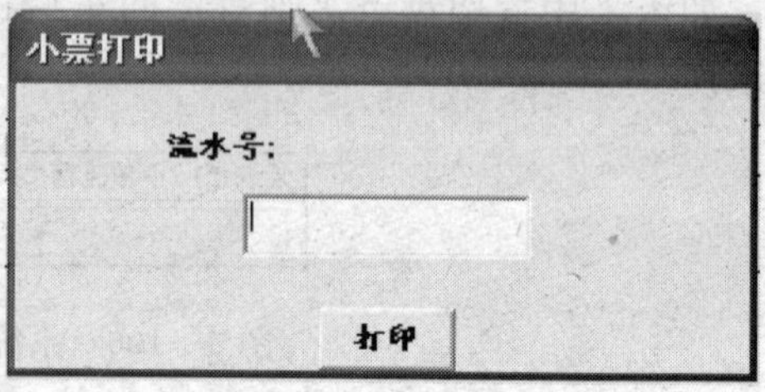

图 3—110　小票打印窗口

（3）上传数据。将前台收款机数据上传至服务器。如果 POS 机营业过程中未发生任何故障，则无须上传数据，反之，需要上传数据以保证销售数据准确。

按下 F10 键可以进行上传数据作业，出现上传数据窗口，如图 3—111 所示。

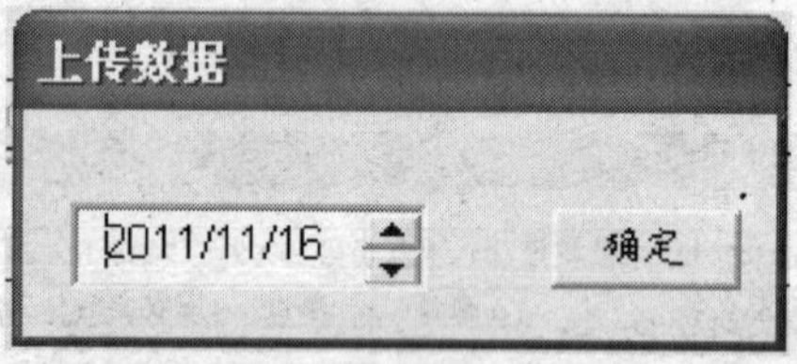

图 3—111　上传数据窗口

单元 3

（4）数据更新。将后台最新商品资料下载至前台 POS 机。后台商品资料变动后，需要做下发，下发完毕可以通知前台做数据更新；或者前台在一笔交易完成后将自动进行数据更新。

按下 F11 键可以进行数据更新作业。

（5）销售统计。提供快速的收银统计报表。按下 F12 键可以进行销售统计，出现销售统计窗口，如图 3—112 所示。

（6）口令修改。利用此功能，收银员可随时更改自己的密码。按下 Shift＋P 键可

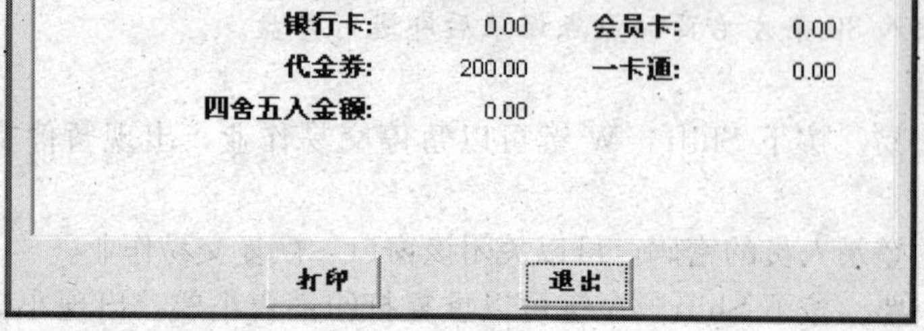

图 3—112　销售统计窗口

以进行口令修改作业，出现口令修改窗口，如图 3—113 所示。

(7) 开钱箱。按下 Shift＋O 键可以打开钱箱。

(8) 计算器。按下 Shift＋C 键可以启动 Windows 计算器，如图 3—114 所示。

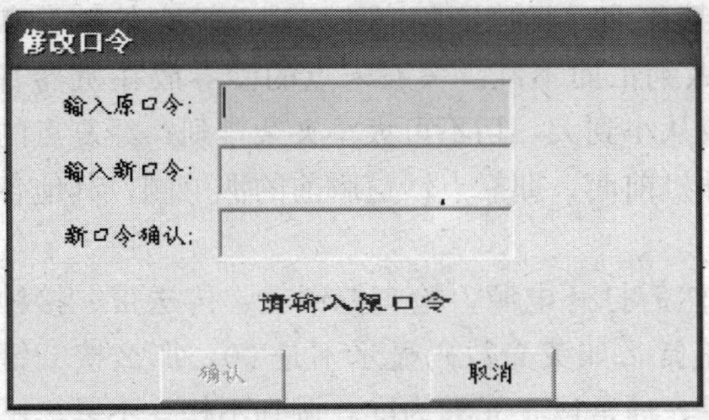

图 3—113　口令修改窗口

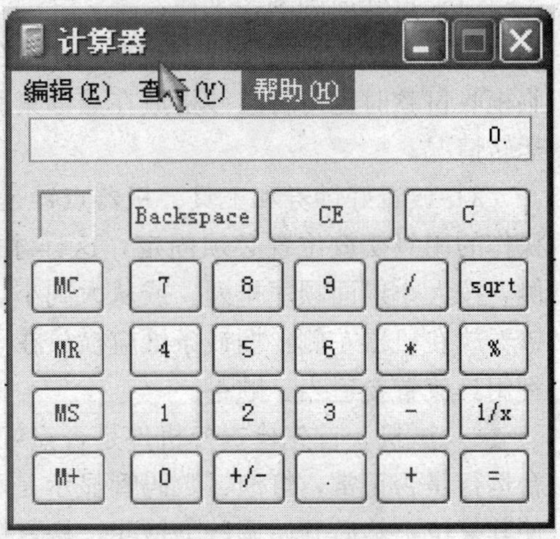

图 3—114　计算器启动

按下 ESC 键可以清零。

(9) 信息查询。前台 POS 机可以查询后台商品资料。按下 Shift＋Q 键可以进行信息查询作业，出现信息查询窗口，输入商品代码后回车或扫描条码，将检索该商品信息，如图 3—115 所示。

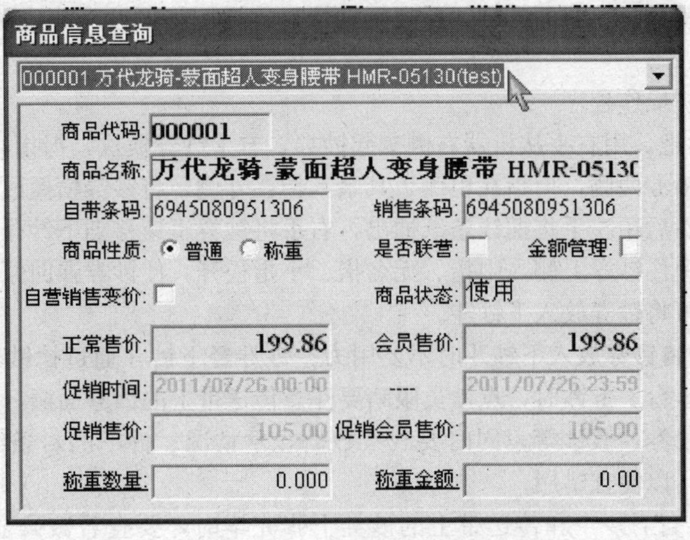

图 3—115　信息查询窗口

(10) 退出系统。按下 Alt＋F4 键可以退出前台收银系统。

六、点钞机、验钞机、税控收款机的使用

1. 点钞机的使用

（1）点钞前的准备工作

1）放置好点钞机。点钞机一般放在桌上，点钞员的正前部，离其胸前约 30 cm。临柜收付款时也可将点钞机放在点钞桌肚内，桌子台面用玻璃板，以便看清数字和机器运转情况。

2）放置好钞券和工具。机器点钞是连续作业，且速度相当快，因此清点的钞券和操作的用具摆放位置必须固定，这样才能做到忙而不乱。一般未点的钞券放在机器右侧，按大小票面顺序排列，或从大到小，或从小到大，切不可大小夹杂排列；经复点的钞券放在机器左侧：捆钱条纸应横放在点钞机前面，即靠点钞员胸前的那一侧，其他各种用具放置要适当、顺手。

3）试机。首先检查各机件是否完好，然后打开电源，检查捻钞轮、传送带、接钞台运行是否正常，灯泡、数码管显示是否正常，如荧光数码显示不是 00，那么按 0 键使其复位：然后开始调试下钞斗，松紧螺母，通常以 1 元券为准，调到不松、不紧、不夹、不阻塞为宜：调试时，右手持一张 1 元券放入下钞斗，捻钞轮将券一捻住，马上用手抽出，以捻得动、抽得出为宜。

调整好点钞机后，还应拿一把钞券试试，看看机器转速是否均匀，下钞是否流畅、均匀，点钞是否准确，落钞是否整齐。若传送带上钞券排列不均匀，说明下钞速度不均匀，要检查原因或调节下钞斗底冲口处的螺丝；若出现不整齐、票面歪斜现象，说明下钞斗与两边的捻钞轮相距不均匀，往往造成距离近的一边下钞慢，钞券一端向送钞台倾斜，传送带上钞券呈一斜面排列，反之下钞快。这样应将下钞斗两边的螺丝进行微调，直到调好为止。

（2）点钞机操作程序

1）持票拆把。用右手从机器右侧拿起钞券，右手钞券横执，拇指与中指、无名指、小指分别捏住钞券两侧，拇指在里侧、其余三指在外侧，将钞券横捏成瓦形，中指在中间自然弯曲。然后用左手将捆钱条纸抽出，右手将钞券迅速移到下钞斗上面，同时用右手拇指和食指捏住钞券上侧，中指、无名指、小指松开，使钞券弹回原处并自然形成微扇面，这样即可将钞券放入下钞斗。

2）点数。将钞券放入下钞斗时不要用力。钞券经下钞斗通过捻钞轮自然下滑到传送带，落到接钞台。下钞时，点钞员眼睛要注意传送带上的钞券面额，看钞券是否夹有其他票券、损伤券、假钞等，同时要观察数码显示情况。拆下的封条纸先放在桌子一边，不要丢掉，以便查错用。

3）记数。当下钞斗和传送带上的钞券下张完毕时，要查看数码显示是否为 100。如果数字不为 100，必须重新复点。在复点前应先将数码显示置 00 状态并保管好原把捆钱条纸。如果经复点仍是原数，又无其他不正常因素，说明该把钞券张数有误，即应将钞券连同原捆钱条纸一起用新的捆钱条纸扎好，并在新的捆钱条纸上写上差错张数，另做处理。一把点完，记数为百张，即可扎把。扎把时，左手拇指在钞券上面，手掌向

上，将钞券从接钞台里拿出，把钞券墩齐后进行扎把。

4）盖章。复点完全部钞券后，点钞员要逐把盖好名章。盖章时要做到先轻后重，整齐、清晰。

由于机器点钞速度快，要求两手动作要协调，各个环节要紧凑，下钞、拿钞、扎把等动作要连贯，当右手将一把钞券放入下钞斗后，马上拆开第二把，准备下钞，眼睛注意观察传送带上的钞券。当传送带上最后一张钞券落到接钞台后，左手迅速将钞券拿出，同时右手将第二把钞券放入下钞斗，然后对第一把钞券进行扎把。扎把时眼睛仍应注意观察传送带上的钞券。当左手将第一把钞券放在机器左侧的同时，右手从机器右侧拿起的第三把钞券做好下钞准备，左手顺势抹掉第一把的捆钱条纸后，左手迅速从接钞台上取出第二把钞券进行扎把。按这样的顺序操作，连续作业，才能提高工作质量和工作效率。

5）在连续操作的过程中必须注意的问题。原把捆钱条纸要顺序更换，不得将前把与后把捆钱条纸混淆，以分清责任。钞券进入接钞台后，左手取钞必须取净，然后右手再放入另一把钞券，以防止串把现象。如果发现钞券把内有其他券种或损伤券及假币时，应及时挑出并补上完整券后才能扎把。

机器点钞连续操作，归纳起来要做到“五个二”，即：

二看——看清跑道票面，看准记数。

二清——券别、把数分清，接钞台取清。

二防——防留张，防机器吃钞。

二复——发现钞券有裂缝和夹带纸片要复查，记数不准时要复查。

二经常——经常检查机器底部，经常保养、维修点钞机。

（3）机器点钞容易发生的差错和防止方法

1）接钞台留张。左手到接钞台取钞时，有时会漏拿一张，造成上下把出现错误。防止方法：取尽接钞台内的钞券或采取不同的票面交叉进行清点。

2）机器“吃钞”。引起机器吃钞的主要原因是：钞券较旧，很容易卷到输钞轴上或带进机器肚内；出钞歪斜，容易引起输钞紊乱、挤扎或飞张，也有可能被下钞轮带进机器肚内。防止方法：调整好面板和调节螺丝，使下钞流畅、整齐。输钞紊乱、挤扎时要重新清点一遍，要检查机器底部和前后输钞轴是否有钞券夹住。

3）多记数。造成多记数的原因主要有：机器在清点辅币、旧币时发生飞张；钞券开档破裂或一把钞券内残留纸条、杂物等。防止方法：将钞券掉头后再清点一遍，或将机器内杂物、纸条取出后再点一遍。

4）记数不准。记数不准除了电路毛病和钞券本身的问题外，光电管、小灯泡积灰或电源、电压大幅度升降都会造成多记数或少记数。防止方法：经常打扫光电管和小灯泡灰尘；荧光数码管突然计数不准时，要立即停机，检查机器的线路或测试电压。

2. 验钞机的使用

机器检测方法比较简单，可以用专门的多功能验钞机进行检测，也可以用具有鉴伪功能的点钞机进行检测。

目前，验钞机有很多种品牌和型号，其功能大同小异。这里以某品牌计算验钞机为例（见图 3—116），介绍机器检测真假人民币的方法。

图 3—116 验钞机

接通电源，打开电源开关即可使用。

（1）计算。按数字键盘上的“ON”键，显示屏上显示“0”，即可计算。

（2）验钞

1）语音报警检验。按下“报警”按钮，紫光灯亮，把灵敏度调节旋钮调校至校准灯亮的位置，然后把待检验的钞票（水印方向）平展放入规定的位置，如是伪钞，即发出“请注意，这张是假币”的语音信号（当放入钞票时，校准灯熄灭，拿出钞票时，校准灯重亮为正常状态）。

2）荧光暗记检验。把待检验的一把钞票捻开呈扇形，平放在观察室内，在紫光照射下，真币对紫外线有“吸收”现象，因而无明显的光反射；而假币在紫光照射下，呈现明显的青蓝光。

3）水印检验。按下“水印”键，白光管亮，即可对钞票的水印及安全线进行鉴别。水印和安全线是造币时采用特殊工艺加进去的，用白光透视时，真人民币水印图像细致逼真，立体感强；2005 年版不同面值人民币有一条全息磁性开窗安全线，白光透视，开窗部分可以看到缩微字符。而假币的水印和安全线多是采用印刷方式仿造的，透过白光即可发现破绽。

4）磁性防伪油墨检验。当一些钞票在上述方法检验均有疑点时，便可采用磁性防伪油墨检验方式进行识别。检验时，按下“磁性”按键，只要把钞票上附有磁性暗记的部分在磁头上用手指压着左右擦动，通过内部磁迹放大器使磁灯闪亮，如为假币，则无磁性信号，即磁迹灯不亮。若摩擦纸币任何部分都使磁迹灯闪亮，也是异常现象。

使用具有鉴伪功能的点钞机鉴别真假人民币时，只要打开机器，将待检测的票币放入滑钞板，点钞机即可自动清点验钞。

3. 税控收款机使用常识

税控收款机是一种具有税控功能的电子收款机，是一种具有法律的严肃性和不可破坏性的带有计税功能的收款机，不仅是商业企业经营管理的得力助手，也是税务人员常驻店内采集销售数据的执法代表。

税控收款机内部装有自动记录但不能更改和抹掉的计税存储器，记录着每日的营业数据和应纳税额，是向纳税机关纳税的凭据。它采用特殊的“铅封”手段固定在机器内部，除税务和专职注册维修人员外，任何人不能打开。

税控收款机区别于一般收款机的主要功能有：

（1）采用安全加密模块。安全加密模块通过对程序和数据加密，可以充分保证税控收款机中的数据和程序高度安全。存放在模块中的程序和数据一经锁定便不可能被破解，具有极高的安全性。对税控收款机的任何非授权开启，安全加密模块附带的自毁逻辑将会导致模块内程序和数据的自毁。

（2）采用了先进的智能加密卡技术。先进的智能加密卡作为税控管理卡（税控身份证），而且一机一卡，卡中的数据使用128位密钥的加密算法，且可以进行多级加密。通过此卡可以对税控收款机的功能进行授权、设置税目、税率和有关算法，并可以使用该卡进行报税。对每台税控收款机可以发行多张操作员卡（收款员卡），收款员凭此卡进行收款操作。

（3）内置安全应用模块（SAMS）。内置安全应用模块（SAMS）实现了“电子钱包”的功能。可与其他终端相连，接收个人密码，进行加密，产生可靠的“电子签名”。为借记卡、信用卡、IC卡交易提供安全保护。

（4）使用了大容量快速存储器。可以存储最新的50 000笔交易记录，7年的累计信息，并且在掉电后，数据仍可以保存10年以上。

（5）提供了方便的通信接口。用户可以通过税控收款机自动申报营业税，从烦琐的手工报税中解脱出来，既快速又方便，税务部门也可以实时地查阅用户税控收款机中的各种计税信息。

（6）统一的发票管理。税控收款机能开出定长的正式普通发票，并且完全实现发票与其他数据分开打印，便于发票的统一管理，可有效防止虚开和错开发票的现象。发票内容包括企业名、纳税号、销售日期、销售项、流水号与防伪识别码等，具体而全面。

七、金融POS机

1. 金融POS机及手工压印机具

（1）金融POS机基本知识

1）金融POS机的定义。金融POS机（Point of Sales）是“销售点终端机具”的英文简称，是安装在特约商户内，为持卡人提供授权、消费、结算等服务的专用银行电子支付设备。金融POS机通过通信线路和收单机构或银联中心相连，是实现消费不用现金、将纸币交易转化为电子交易的一种银行专用电子支付设备。

2）金融POS机的硬件组成

①主机部分。主机用于采集银行卡磁条/IC芯片数据信息，并与收单机构或银联中心进行数据信息的传送和接收，对各类交易进行处理。主机部分包含操作键盘、液晶显示面板、刷卡槽/读卡口、通信插口。其中，操作键盘是收银员在受理银行卡时的主要操作区域；液晶显示面板用于显示金融POS机操作信息；刷卡槽用于读取磁条卡信息，读卡口用于读取IC卡信息（根据金融POS机的不同功能，读卡口属于选配配置）；通信插口用于连接外部设备或者通信线路。

②密码键盘。交易时用于给持卡人确认交易金额和输入密码的部件，包含显示液晶屏和数字键盘区，有些新型的密码键盘还配备有刷卡槽或读卡口。

③电源适配器。又称变压器，用于将 220 V 的市电转换为金融 POS 机各部件适用的直流电或者为金融 POS 机电池充电。电源适配器分内置式和外置式两种。

④打印部分。交易完成后打印签购单的部件。目前主要有针打式和热敏式两种打印方式。

以上四部分组成一个完整的系统。不同金融 POS 机产品外形设计风格迥异：有的金融 POS 机主机部分和密码键盘在一起；有的金融 POS 机主机部分和打印部分在一起；有的金融 POS 机是主机部分、密码键盘、打印部分三者合一的一体机；新型的无线金融 POS 机甚至四个部分合一，如图 3—117 所示。

图 3—117　金融 POS 机

3）金融 POS 机通信方式

①有线通信方式。通过电话线连接固定电话网络，以电话拨号的通信方式接入收单机构或银联中心，称做有线通信方式。

②无线通信方式。金融 POS 机装有 SIM 卡，以无线通信方式接入收单机构或银联中心，称做无线通信方式。

③组网通信方式。通过五类网络线或者无线发射装置组成局域网络，通过网络路由设备连接专用通信网络，以网络通信方式接入收单机构或银联中心，称做组网通信方式。

4）金融 POS 机通信插口介绍。为了让金融 POS 机正常工作，金融 POS 机设计了若干与外部连接的插口。

①电话线插口。该口内设 6 槽 4 芯铜线，用于连接固定电话网络。插口处一般标记有“LINE”或者“电话线”字样。

②网络插口。该口内设有 8 槽 8 芯铜线，用于连接商户局域网络。插口处一般标记有“TCP/IP”或者“LAN”“网络”字样。

③电话机插口。该口内设 6 槽 4 芯铜线，用于连接电话机。插口处一般标记有“PHONE”或者“TEL”“分机”字样。

④密码键盘插口。用于连接密码键盘。该插口处一般标记有“PINPAD”或者“PIN”“密码键盘”字样，根据厂家设计的不同，有扁平设计（内设 4 槽 4 芯铜线）和圆形设计（6 芯内孔）。

⑤工作通信插口。由金融 POS 机维护人员维护时使用。插口处一般标记有“RS～232”或者“通信”“下装口”字样。根据厂家设计的不同，有扁平设计（内设 8 槽 8 芯铜线）和圆形设计（6 芯内孔）。

⑥电源插口。用于提供适合金融 POS 机运行的电源。插口处一般标记有“POWER”“PWR”或者“电源”字样。

5）金融 POS 机接线步骤

注意：在做金融 POS 机任何部件连接时，都必须在断电的状态下进行。

①金融 POS 机通过有线通信方式连线

a. 将固定电话网络的电话线接入金融 POS 机的电话线插口；

b. 将连接电话机的电话线一端接入金融 POS 机的话机插口，另一端连接电话机；

注意：仅在需要使用电话机时才连接该插口。

c. 将密码键盘连接线接入金融 POS 机的密码键盘插口；

d. 将电源适配器连接线（即电源线）一端接入金融 POS 机的电源插口，再将插头插上电源即可。

②金融 POS 机通过组网通信方式连线

a. 将局域网的网络线接入金融 POS 机的网络插口；

b. 后续步骤与有线通信方式的 c、d 相同。

部分厂家的金融 POS 机在设计时将电话机插口与网络插口合并，共用一个 8 槽 8 芯铜线的插口。当该口连接电话机时，使用正中间的两条铜线。

（2）手工压印机具基本知识

1）手工压印机的定义。手工压印机是将信用卡卡面的凸印卡号等内容压印在交易签购单上的机具。特约商户只有在金融 POS 机具出现故障或者通信线路故障，以及持卡人的信用卡磁道损坏等情况出现，无法进行联机交易时，才可根据与收单机构签订的协议，使用压印机完成交易。

2）手工压印机硬件组成。手工压印机由信用卡放置处、日期调整旋钮、底座和拉动把手组成。

2. 金融 POS 机非金融交易和金融交易

金融 POS 机交易功能根据是否需要与收单机构主机或者银联中心联通，分为脱机功能和联机功能。脱机功能指金融 POS 机在不与收单机构主机或银联中心联通的情况下自身具有的功能，脱机功能因金融 POS 机种类、型号、供应商提供的软件的不同而有所区别。联机功能是指金融 POS 机必须与收单机构主机或银联中心联通的情况下才可实现的功能，按照交易类型不同分为非金融类交易和金融类交易两种。

（1）非金融类交易。非金融类交易指不涉及资金的交易，如签到、签退等交易。

1）签到。签到是金融 POS 机开机后收银员必须进行的第一项操作，是以联机方式把 POS 注册信息上传给收单机构主机或者银联中心主机，主机再以交易响应的方式把相关信息回传给金融 POS 机，金融 POS 机完成签到后才能开始交易。

2）签退。签退是指操作员为结束当前金融 POS 机工作状态，在金融 POS 机交易结算完成后需执行的操作，签退后须重新执行签到，方可进行新的交易处理，有些金融 POS 机也设置为在完成结算后自动签到。

（2）金融类交易。金融类交易指和资金及授权有关的交易，如消费、授权、撤销等交易。

1）消费。消费是指持卡人在特约商户消费时用银行卡进行支付的交易。

2）消费撤销。消费撤销是指在当日消费成功后，持卡人或收银员发现消费金额有误或其他情况（如持卡人要求取消原交易等），在当日金融 POS 机结算前，需要取消原消费交易的交易。

3）预授权类交易

①预授权。预授权是指宾馆、酒店类特约商户预先估计了持卡人的消费金额后，通过金融 POS 机联机取得预授权号码，保证持卡人账户中有足够支付金额的交易。可理解为暂时冻结持卡人账户中预授权数目的金额以做押金，但该金额还在持卡人账户中，在预授权完成后（或者结算时）才按实际消费金额划归特约商户。

②预授权撤销。预授权撤销是指由于预授权操作失误或者其他原因（如改用其他方式进行支付等）需要撤销原预授权的交易。预授权撤销完成后，原预授权金额解冻。

③预授权完成。预授权完成是指预授权交易成功后，持卡人在特约商户（酒店或其他消费场所等）金融 POS 机上结账支付时使用原预授权。预授权完成视同消费成功，按持卡人的实际消费金额扣收其银行卡账户，同时解冻原预授权金额。

④预授权完成撤销。预授权完成撤销是指由于操作失误等原因，收银员对当日的预授权完成交易，在当日金融 POS 机结算前进行撤销，该交易类似于消费撤销。

4）结算。该功能是每天营业结束或收银员交接班前，收银员必须做的一种交易。金融 POS 机通过结算与收单机构或银联中心进行对账处理，并打印交易流水，收银员可根据流水核对金融 POS 机签购单据。当该金融 POS 机做完结算后，当日当批交易结束，同时金融 POS 机内该批的交易流水记录将全部清除。

5）退货。退货是指持卡人在消费当日金融 POS 机结算后，要求取消原消费交易（即退货）而发起的交易。退货交易将已扣持卡人账户余额的消费交易款项全额或部分地退还至持卡人账户。退货交易可分为联机退货交易和手工退货交易。

第4单元

收银服务礼仪

第1节 服务知识

培训目标
- 1. 了解收银员职业心理
- 2. 熟悉回答顾客问询及处理顾客投诉的方法
- 3. 掌握收银员服务用语

一、服务用语

语言不仅是传递信息的工具，同时也是体现服务水平的艺术。收银员的语言是否礼貌、准确、得体，直接影响着顾客对商品或服务的满意程度。

1. 服务用语原则

（1）尊重性原则。每个人都有受人尊重的需要。在与顾客的交往中，如果收银员出言不逊、举止失礼，就会引起顾客的愤懑；反之，如果顾客对服务有不满之处，态度蛮横，收银员必须平和处理，尊重顾客，用真诚的态度去缓解或消除顾客的不满情绪。

（2）正确性原则。即正确告诉服务对象，正确揣摩顾客心理。收银员在工作中不能使用“可能”“差不多”等含糊的词语。

（3）适应性原则。收银员的服务对象有很多种类型，收银员应了解各类顾客，灵活处理各种意外情况。

2. 服务用语技巧

（1）耐心倾听。收银员要与顾客建立良好关系，就要热情、认真倾听顾客说话，这是表示热情的最好方式之一。在与顾客的交流中专注倾听表明了收银员对顾客的尊敬。

（2）幽默灵活。在生活或工作中，幽默的话语会化解矛盾，这一点在处理投诉时效果更好。

（3）言而有信。不能因为要销售商品而向顾客空许诺言，比如答应顾客可以随时退货等。

（4）讲究方式。讲话方式有多种，比如说明式、规劝式、讲述式、询问式、安慰式、赞美式、问候式、委婉式。针对不同的顾客，收银员要选择不同的讲话方式。

3. 服务用语规范

（1）收银员在接待顾客的全过程中服务语言要文明、礼貌、亲切、简洁、准确，做到“五要”“五声”“四不讲”。

“五要”，即语言要亲切，语气要诚恳，语调要柔和，用语要准确，要讲普通话；

“五声”，即来有迎声，问有答声，走有送声，不明白有解释声，不满意有道歉声；

“四不讲”，即不讲粗话脏话，不讲讥讽挖苦的话，不讲催促埋怨的话，不讲与营业无关的话。

（2）商业服务人员在接待顾客的各个不同服务阶段，要灵活用好“十四字”文明礼貌用语。

“十四字”文明礼貌用语是：您、请、欢迎、对不起、谢谢、没关系、再见。

4. 常用待客语言

不同情境下应使用的待客用语见表 4—1。

表 4—1　不同情境下应使用的待客用语

情景	标准用语
同顾客打招呼	“欢迎光临！”“您好！”“早上好！”“中午好！”“下午好！”“晚上好！”
暂时离开收银台	“抱歉，请您稍等一下！”
重新回到收银台时	“真对不起，让您久等了！”
自己疏忽或没有解决办法时	“真抱歉，……”“对不起，……”
提供意见让顾客决定时	“若是您喜欢的话，请您……”
希望顾客接受自己的意见时	“实在是很抱歉，请问您……”
当提出几种意见供顾客参考时	“您的意思呢?”
遇到顾客抱怨时	应仔细聆听顾客的意见并予以记录，如果问题严重，不要立即下结论，而应请主管出面向顾客解释。“我明白您的意思，我会将您的建议汇报给店长并尽快改善。”
当顾客买不到商品时	应向顾客致歉，并给予建议。其用语为：“对不起！现在正好缺货，让您白跑一趟。您要不要先买别的牌子的试一试?”“请您留下您的电话和姓名，等新货到时我们马上通知您。”
不知如何回答顾客询问时	“对不起，请您等一下，我会请主管、店长来为您解答。”
顾客询问商品是否新鲜时	“一定新鲜。如果您买回去不满意，欢迎您拿来退钱或换货。”
顾客要求包装礼品时	应微笑着告诉顾客：“请您先在收银台结账，再麻烦您到前面的服务总台（同时打手势，手心朝上），会有专人为您服务。”
当顾客询问特价商品时	应先口述两种特价商品，同时应出示 DM 宣传快讯给顾客看，并告诉顾客：“这里有详细的内容介绍，请您慢慢参考选购。”
在店门口遇到购买了本店商品的顾客时	“谢谢您，欢迎再次光临！”（面对顾客点头示意）
收银空闲，遇有顾客不知要到何处结账时	“欢迎光临！请您到这里结账好吗?”（以手指向收银台，并轻轻点头示意）
有多位顾客等待结账，而最后一位表示只买了一件商品，有急事待办时	收银员应对第一位顾客说：“对不起，能不能让这位只买一件商品的先生（小姐）先结账？他（她）好像很着急。”当第一位顾客答应时，应对他（她）说声“谢谢”。当第一位顾客不答应时，应对提出要求的顾客说：“很抱歉，大家好像都很急。”
为顾客结账服务时	“总计××元/收您××元/找您××元。”
收银结束时	“谢谢，请拿好商品，您慢走。”“谢谢，请您拿好小票，欢迎再来。”

二、职业心理

收银员心理的发展和变化是与收银员职业密切相关的，收银员的良好职业心理是适应其职业特点的客观需要。

1. 收银员职业的特点

（1）收银员工作的特殊性。收银员的工作是直接与消费者、货币打交道的，因此收银员工作的特殊性主要表现在以下几个方面：

1）具有不均衡性和不定型性。消费者到店消费的时间和人数是非固定化的，收银员的工作也就不可能持续不断，会出现间歇，各部门及每一位收银员的工作状况是不均衡的，但是具有一定的规律性。收银员每天面对的是千差万别的消费者，接待的时间和成交的次数有很大的灵活性，难以定型化。

2）具有制约性和影响性。消费者是收银员服务的对象，没有消费者的加入，收银员的收银工作就无法展开。收银员在工作过程中必须严格执行法律法规，并受企业各项规章制度的约束。收银员工作的好坏，不仅会影响消费者的心理感受和企业的形象，而且还将影响到企业、消费者、个人的经济利益。

3）具有独立性和综合性。收银员的劳动既有技术性的劳动又有服务性的劳动，但有的工作是不能靠完全分工来完成的，必须依靠协作劳动，对收银员的劳动效果评价也要适用综合性指标，既从经济效果考核，也从社会效果考核。

（2）收银员职业的服务性。收银员工作的特点是提供服务，服务就是指不以实物形式而以提供劳动的形式来满足消费者的需要。收银员的职业特点就是在收银工作中，要尊重消费者的自我意识，给消费者带来快乐的心理体验，同时也使自己在工作中获得自我存在的体验与服务快乐的心理。

2. 收银员的交际心理

（1）收银员与消费者交际的特点。所谓交际是指人与人之间的往来接触，也称为人际关系。收银员在为消费者服务的过程中需要处理好人际关系。收银员与消费者之间由于他们所处的地位、身份的不同，而使他们的关系具有如下一些特点：

1）交往环境的特定性。收银员与消费者交往是在特定的环境中进行的，例如商场、超市、酒店等。在这些场所内，很多的因素都会影响到消费者与收银员之间的交往，如收银员的形象、室内装饰、服务设施等都可能成为影响消费者心理的因素，当消费者对其中的某个方面不满意时，便会失去消费的兴趣。

2）交往角色的稳定性。收银员与消费者之间的交往是由其职业决定的，他们之间的交往性质与目的都是事先规定好的。在收银过程中，收银员是以卖方的角色出现，其作为某个企业的代表，去执行收银的任务。消费者在此交往中，则始终以买方的角色出现，他所关心的是商品和服务是否符合自己的需求，并把收银员的举止特定为企业的形象。

3）交往双方的不平等感。消费者付钱消费，他就有权选择并最后决定是否接受服务或购买商品，在一定范围内有权想说什么就说什么，而收银员则没有这些权利，却有义务接待每一个消费者，不管你对他是不是看着顺眼，都要为其服务，收银员要基于义务来执行交往任务。

4）交往双方的不信任感。一般来说，收银员与消费者的交往是很偶然的，暂时的，彼此在交往前并未事先约定，相互之间并不熟悉。收银员与消费者的关系是纯事务性交往，收银员关心的是收银成果，而消费者的目的是想买到物美价廉的商品或享受到高质量的服务，由于二者目的的不一致性而表现出各种形式的相互不信任感。

（2）收银员与消费者交往的原则。收银员与消费者交往时，为了尽可能达到良好的交往效果，必须遵循一定的原则：

1）信用原则。收银员应做到诚实可信、真诚待人、取信于消费者。

2）相容原则。收银员要注意严于律己，宽以待人，不为小事与消费者斤斤计较。

3）互利原则。收银员要充分考虑消费者的利益，与消费者建立起良好的人际关系。

4）尊重原则。收银员应做到平等待人，尊重消费者，善于倾听消费者的建议或意见。

三、回答顾客问询及处理顾客投诉

1. 回答顾客问询

（1）回答顾客问询的一般原则

1）对于顾客的各种提问，必须做到有问有答，对于自己知道的内容，应该对顾客做详细的解答。

2）如果遇到自己无法解答的问题，应该为顾客找到能够解答的人员或为顾客指明具体询问方向。

3）对顾客的各种询问，应该表示欢迎，不能表现出厌恶的态度。

（2）常见顾客问询的处理

1）顾客询问商品：

①顾客询问商品的位置，告诉顾客商品的详细陈列地点，包括第几层楼、什么方向、附近挨着哪类商品陈列等。

②顾客询问商品的价格，用收款机的价格查询功能，迅速回复顾客。

③顾客询问商品的性能，如果对商品的性能不清楚，不要随意回答顾客，最好请顾客向有关部门或人员进行咨询。

2）顾客询问特价、折扣：向顾客介绍目前非常优惠或特价的商品，或介绍顾客有购买意向的特价品种时，简单直接的方法是将特价快讯推荐给顾客。

3）顾客询问开发票：将开发票的地点详细告诉顾客，具体细节请顾客到开发票处咨询。

4）顾客询问开奖、发奖：将总服务台（或直接负责的活动小组）地点详细介绍给顾客，具体细节请顾客到总服务台或活动中心处咨询，也可以告诉顾客活动的通知、告示板的具体位置，请顾客去详看。

5）顾客询问退换货、赠品派送：将退换货、赠品派发的地点告诉顾客，具体细节请求顾客到退换货、赠品派发处咨询。

6）顾客询问哪里解决投诉：告诉顾客到服务台或顾客投诉中心解决以及具体的位置。

7）顾客询问大宗购物：将大宗购物的地点或电话分机告诉顾客，如是较大的订单，直接报告收银的管理人员。

8）顾客询问电器的维修：告诉顾客到总服务台进行咨询。

9）顾客询问厕所、出口、打电话、广播、取购物车（篮）等：

①厕所，将最近的厕所告诉顾客，包括如何走以及厕所在什么区域附近。

②出口，直接用手指给顾客。

③打电话，将磁卡/投币电话的具体位置告诉顾客。

④需店内广播，请顾客到总服务台。

⑤购物车（篮）处，将具体的存放位置详细告诉顾客。

10）顾客询问在哪里乘车：告诉顾客店外的乘车车站、地铁地点，若不清楚，可介绍顾客向总服务台咨询。

11）顾客询问是否送货：清楚、简明扼要地回答顾客有关公司的送货服务的制度。

12）顾客丢失钱财要报警：请顾客到总服务台去寻求帮助。

13）顾客询问兑换零钱：若有专门的零钱兑换处，告诉顾客；若无，在收款机上替顾客兑零（不过要向顾客说明这是特例的服务）。

2. 处理顾客投诉

（1）处理顾客投诉的一般原则

1）倾听原则。这是处理顾客投诉时的首要原则。应耐心地、平静地、不打断顾客陈述地聆听顾客的不满和要求。

2）满意原则。这是处理顾客投诉时的目的原则。处理顾客投诉的最终目的是解决问题和维护好企业的利益，处理的好坏关系到顾客在经历这一问题后是否愿意再光临本店，这一原则和概念应该贯穿顾客投诉处理的全部过程。

3）迅速原则。这一原则要求迅速地解决问题。如果超出自己处理的范围需要请示上级管理层的，也要迅速地将解决的方案通知顾客，不能让顾客等待太久。

4）公平原则。这一原则要求处理棘手的顾客投诉时应公平谨慎，有理有据地说服顾客，并尽可能参照以往或同类商场处理此类问题的做法进行处理。

5）感谢原则。这一原则要求处理结束后当面或电话感谢顾客提出的问题和给予的谅解。学会不分场合地多感谢顾客，是圆满地化解矛盾、重建信任的好开端。

（2）顾客投诉的处理（见图 4—1）

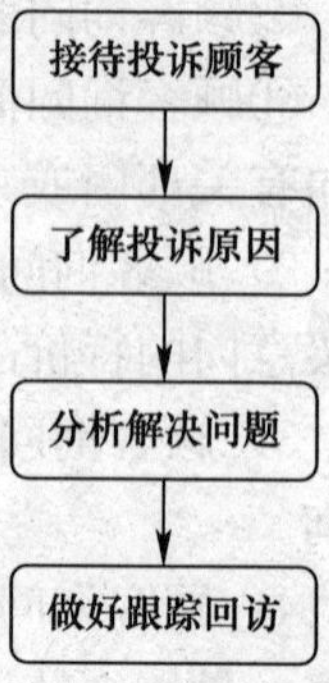

图 4—1　处理顾客投诉的流程

1）接待投诉顾客。收银员在日常的工作中，应该尽量避免与顾客发生摩擦，减少顾客投诉的可能。但是顾客一旦投诉，收银员就应该认真处理。同时填写“顾客投诉处理表”，见表 4—2。

表 4—2　　顾客投诉处理表

顾客姓名		顾客电话		日期	
顾客地址					
顾客投诉方式	□ 电话　　□ 信件　　□ 到店陈述				
投诉原因	□ 商品质量　　□ 服务质量　　□ 安全与环境				
投诉内容					
处理建议					
处理结果					
电话回访日期		联系人			
顾客满意度	□ 很满意　□ 比较满意　□ 满意　□ 不满意　□ 非常不满意				

经理：　　主管：　　班（组）长：　　承办人：

①接待当面投诉。在遇到顾客前来投诉时，收银员最好将投诉的顾客请到会客室或卖场的办公室，以免影响其他的顾客。

②接待电话投诉。倾听顾客的抱怨，站在对方的立场考虑，同时利用声音及话语来表示对顾客不满情绪的支持。

了解并记录投诉事件的基本信息，包括投诉的时间、投诉人基本情况、投诉问题和期望解决方法等。

如果能够当时处理的，立即告知顾客处理结果；如果处理问题需要时间的，请顾客留下联系方式，以备日后和顾客联系。

问题解决后，及时向顾客反馈相关信息。

③接待信函投诉。在收到顾客的投诉信件时，应立即转送给店长、专职单位或专职人员，并做好记录。

用信函的方式通知顾客已收到信函，以表示商店的诚恳态度和解决问题的意愿，并请顾客告知联系电话，便于日后的沟通和联系。

在问题得到解决后，及时通知顾客问题的处理结果。

2）了解投诉原因。处理顾客的投诉，首先应该了解顾客投诉的原因。通过倾听顾客投诉、对顾客表示同情以及对顾客进行恰当的询问，可以很快对顾客投诉有充分的了解。

①倾听顾客投诉。在倾听顾客投诉时应该保持耐心，不打断顾客陈述，用平静的心情倾听顾客的不满和要求。

在倾听顾客投诉时，应该做到以下五点：

a. 保持一种积极主动的态度，不要把顾客的投诉当成是一种麻烦，而应将其当做是提高服务质量的机会。

b. 始终面带微笑，即便是在受理电话投诉时也要面带微笑，因为微笑的声音与严肃的声音是有很大区别的，所以不要以为顾客看不到就可以不微笑。

c. 认真听取顾客投诉，不遗漏细节，最好能用笔做记录，以便确认问题所在。

d. 让顾客先发泄情绪，出现投诉现象是因为企业的所作所为没能让顾客满意，所以顾客投诉时的情绪一般都比较激动，应该先让顾客发泄情绪。

e. 即使顾客投诉的问题症结在于顾客本身，仍然应该坚持听完顾客陈述，不要打断。

②对顾客表示同情。在顾客投诉时，对顾客表示同情，让顾客感受到企业是与自己站在一起的。

这样可以增加顾客的信任，从而减少顾客的不满，为投诉的最终处理起到良性的作用。

通过以下做法，可以让顾客感觉到你的同情：

a. 用自己的举止、语气去劝慰对方，让顾客放松心情，并表现出愿为顾客排忧解难的诚意。

b. 站在顾客的立场为对方着想，对顾客的行为表示理解。

c. 主动记录投诉细节，尤其是用笔记录下顾客的问题，会让顾客感觉到企业对该顾客所反映的问题很重视。

③询问顾客要求。倾听完顾客的投诉，收银员在表示同情的同时，还要不断地与顾客交流，询问一些具体情况。对于顾客陈述过程中一些不太清楚的细节，应该对顾客进行进一步的询问。即使没有不清楚的问题，也可以对顾客说过的一些情节加以确认，这样能让顾客感觉到企业是真心想解决问题。

做好询问工作，应该做到以下五点：

a. 重复顾客所说的重点，让顾客确认企业是否已经理解顾客的意思和目的。

b. 通过询问了解投诉的重点所在。

c. 对于比较通情达理的顾客也可以直接询问，让顾客自己阐明目的。

d. 收银员要告诉顾客自己已经了解到问题所在，并确认问题是可以解决的。

e. 把握时机适时的结束，以免因拖延时间过长，既无法得到解决的方案，又浪费双方的时间。

3）分析解决问题

①分析原因。收银员在了解了顾客的投诉后，应简单总结出顾客投诉的原因，并得到顾客的确认。顾客的投诉主要针对商品质量和服务两方面的问题。

a. 商品投诉。对商品的投诉，主要包括以下五个方面：

· 价格，主要是价格与计价不符或价格比其他卖场高。

· 质量，主要是商品质量存在问题。

· 可能是过期商品。

· 商品标识与宣传不符（海报、商品外包装不清楚）。

· 缺货。

b. 服务投诉。对服务的投诉，主要包括以下五个方面：

·收银员态度不好，板着脸，没有笑容，包装商品不细心。

·收银员收银速度太慢，不熟悉刷卡的程序，浪费顾客大量时间。

·收银员扫描商品出现问题，多收或找错顾客的钱。

·收银员漏消磁，导致商品出门时引起报警。

·顾客想让收银员兑换零钱，但收银员不同意。

②提出解决方案。对于收银员能够解决的，应立即告知顾客。对于收银员不能解决的问题，应及时与相关人员沟通，请相关部门解决。

有些方案不可能一时就提出来，需要和企业的管理层及领导层商议，在这种情况下，可以先向顾客说明原因，并表示问题一定能够解决，请投诉人留下联系方式，待到解决方案出来后，再与投诉人联系。

a. 处理商品质量投诉。如果发现卖场价格与市场价格脱离的，应立即改正过来，并赔偿顾客损失。如果商品质量发生问题，应向顾客诚恳道歉，并赔偿顾客损失。如果商品过期，诚恳道歉的同时赔偿顾客损失。对商品标识与宣传不符的，要向顾客诚恳道歉，如果是顾客理解存在偏差的，要向顾客耐心解释，如果情况属实的，对给顾客造成的损失进行赔偿。对于缺货的情况，应该向顾客表示感谢，并真诚道歉。

b. 处理服务投诉。首先对顾客提出的问题表示感谢。安抚顾客，如果属于收银员的错误态度则表示道歉，如涉及企业的有关规定和政策，则耐心地向顾客解释，请顾客理解企业的制度和收银员的工作。如果问题需要立即解决，收银员应明确表示我们会跟进此事，避免再次发生类似事件。如果问题需要逐渐解决，希望顾客给予一定的谅解，并表示会尽力做好工作。如果顾客愿意，留下顾客的联系电话，待问题处理后将结果告知顾客。将问题反映给相关的管理人员。

c. 应注意的问题。认识每一位提出抱怨及投诉的顾客，当顾客再次来店时，应以热诚的态度主动向对方打招呼。处理顾客投诉时，不可在中途离开时间过长，让顾客久等。如有“顾客投诉记录表”，应请顾客填写，对于表内的各项记载，尤其是姓名、住址、联系电话以及投诉内容，必须请顾客确认。一旦处理完毕，必须以书面的方式通知顾客，并确定每一个投诉内容均得到解决及答复。如有必要，事后应该亲自到顾客住处去访问、道歉、解决问题。由消费者协会移转的投诉事件，在处理结束之后要与消费者协会联系，以便让对方知晓整个事件的处理过程。

③达成协议。在解决方案提出来后，收银员要与投诉顾客交流和沟通，看顾客是否能够接受解决方案。如能够接受，该投诉案件可以结束；如果顾客不满意，询问顾客的意见，结合顾客意见再重新制订解决方案，直至顾客满意为止。

④处理投诉。收银员按照与顾客达成的协议处理顾客的投诉。

⑤感谢顾客

a. 对于投诉的顾客，都可以看做是在给企业提出意见，因此，最后待问题解决完毕后，收银员应该向顾客表示感谢。

b. 整理“顾客投诉处理统计表”，见表4—3。

表 4—3　　顾客投诉处理统计表

时间	年　　月　　日至　　年　　月　　日						
商品问题		服务问题		安全与环境问题		其他	
原因	人数	原因	人数	原因	人数	原因	人数
合计		合计		合计		合计	
备注							

4）做好跟踪回访。对投诉顾客的跟踪服务主要用来验证处理顾客投诉的效果，同时也是显示企业对顾客负责和诚信的一种方式。通过及时的回访，不仅能够降低投诉顾客对企业的不信任感，甚至有机会提高顾客的忠诚度。对于投诉的顾客，应该做好回访记录。

跟踪回访的方式主要有电话回访、信函回访、e－Mail 访和登门拜访等。

第 2 节　礼仪知识

培训目标

→ 1. 熟悉收银员仪容仪表规范

→ 2. 掌握收银员行为举止礼仪

一、仪容仪表规范

1. 收银员仪容规范

（1）清爽的发型（见图 4—2）

1）收银员的头发梳理整齐，保持头发清洁，经常洗头、剪发。

2）剪发不可遮住眉毛，发型造型不得过于夸张、怪异，不得将头发染成黑色以外的任何其他颜色。

3）头发应整理得体，过肩长发必须束扎盘结，头饰造型不得过于夸张、颜色不得鲜艳。

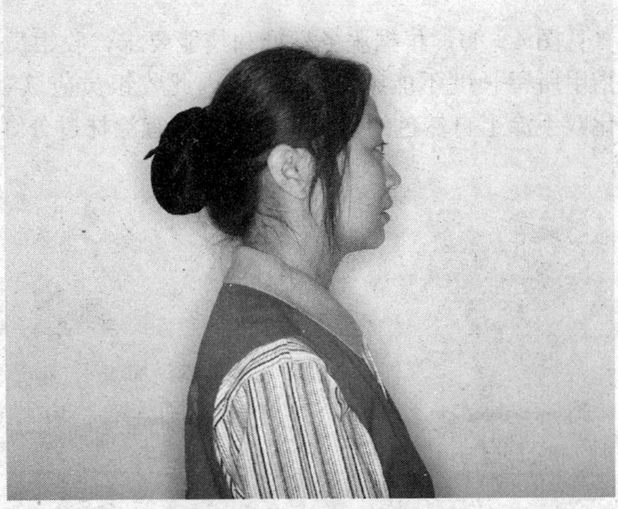

图 4—2 清爽的发型

4）发型美观大方，经常梳理头发，不得有头屑。男员工不留长发、大鬓角、小胡子。女员工不梳披肩发型，以留短发为宜，避免使用色泽艳丽、形状怪异的发饰。

（2）适宜的化妆（见图 4—3）。化妆能展示自己良好的精神面貌，给自己一个好心情，同时也表示对他人的尊重。一名优秀的收银员应该学会和掌握化妆的技巧。化妆的基本原则是自然、协调。切忌浓妆艳抹，搭配对比强烈，要与自己的着装、服务相呼应、协调。

图 4—3 适宜的化妆

（3）清洁的口腔。清洁的口腔/牙齿。上班前不吃葱、蒜等异味食物，不喝含有酒精的饮料、保证口腔清洁。说话时，口腔/牙齿有异味、刺激味或吃东西都会令顾客反感。

(4) 干净的手（见图 4—4）。根据服务标准和技能要求，收银员是不允许留长指甲的。行业标准是手指甲所留长度不能超过 3 mm，因此收银员应该勤洗手，勤剪指甲。女收银员可以为美化双手涂上自然色的护甲油，但是不宜涂抹过分鲜艳的颜色或者颜色不一致。

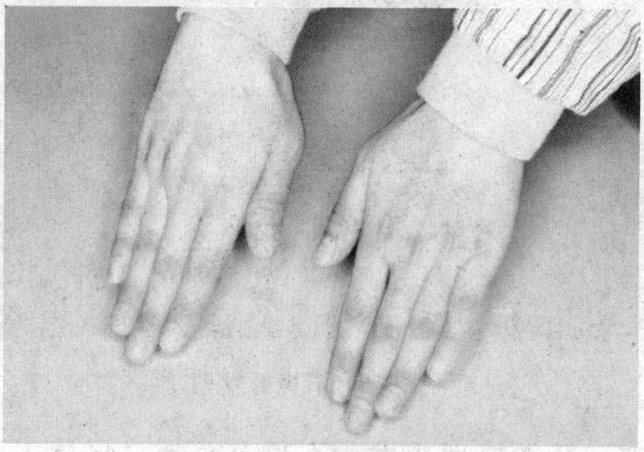

图 4—4　干净的手

2. 收银员着装规范

(1) 着装要求（见图 4—5）。由于收银员职业的特殊性，其服饰也要特殊要求。总体上说，收银员的服饰应当样式美观、朴素、大方，色调和谐雅致，体现出个人体形、工作特点、环境条件和民族习俗相协调的整体效果。

收银员在工作场合应穿工作服，规范穿着工作服的要求是以整齐、清洁、挺括、大方、富有朝气为原则。整齐，是指服装必须合身，袖长至手腕，裤长至脚面，裙长过膝盖，尤其是内衣不能外露；衬衫的领围以插入一指大小为宜，裤裙的腰围以插入五指为宜；不挽袖，不卷裤，不漏扣，不掉扣；领带、领结、飘带与衬衫领口的吻合要紧凑且不系歪；如有工号牌或标志牌，要佩戴在左胸正上方，有的岗位还要戴好帽子与手套。清洁，是指衣裤无污垢、无油渍、无异味，领口与袖口处尤其要保持干净。挺括，是指衣裤不起皱，穿前要熨平，穿后要挂好，做到上衣平整、裤线笔挺。大方，是指款式简练、高雅，线条自然流畅，便于岗位接待服务。

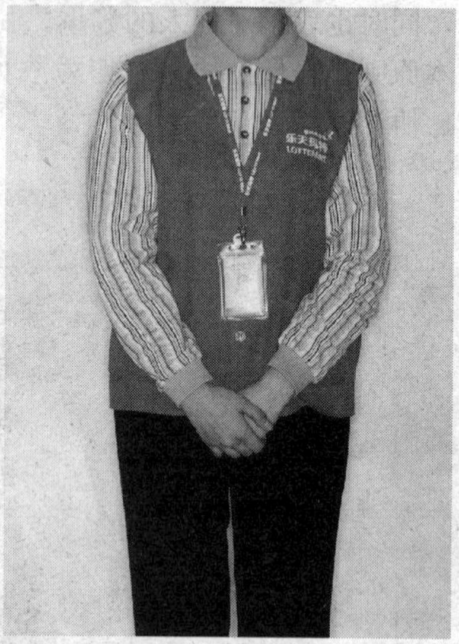

图 4—5　着装规范

具体要求如下：

①工作服。工作服是上下身配套穿，就必须上下身配套穿，而不能只穿一件。如果只有上衣是工作服，下身可以着便服，但也应搭配得当，裤子或裙子应在样式、色调上

与工作服相协调。衬衣要穿规定的颜色和样式，并应保持整洁，特别要注意领子和袖口上的洁净。并且衬衣必须束扎裤内或裙内，绝不能让内衣或其他衣服显露在制服外面。女性收银员裙子要穿黑色、灰色、藏青色、茶色、绿色无花纹的或者接近这种颜色的裙子。男性收银员不应穿极端花哨的，带花纹的服装。工作服颜色较淡（浅）的，禁止穿红、紫、橘红等颜色的衬衣、毛夹克等工作服，不能用花纹太显眼的花纹布制作。

②领带。领带一定要用领带别针。

③鞋。收银员每天应当把皮鞋擦拭干净、光亮，破损的鞋子应及时修理，如穿布鞋，同样需保持鞋子的整洁，不要把鞋子当拖鞋穿。不能穿露脚趾的凉鞋和拖鞋，袜口不要露在裤子外。尽量不要穿高跟鞋。

④袜子。男收银员应穿跟鞋子颜色和谐的袜子，以黑色最为普遍。女收银员应穿与肤色相近的丝袜，以肉色、黑色为宜。

⑤工牌徽章。上岗时须规定佩戴好徽章或工作证，它们是岗位和职责的标志，不得随意改制和增添其他饰物，不得借与他人使用。工牌徽章填写的内容需规范齐全，外壳和内芯无破损、污渍。工牌徽章统一按规定位置佩戴，不得佩戴无照片或经涂改的胸卡。工牌徽章丢失，应该及时向人事部门提出申请，或者请求发给代用工牌。

（2）简单的配饰。恰当的装饰可以调节工作人员的心情，对于整体形象能起到画龙点睛的效果，可是佩戴过多会显得比较累赘，既分散工作人员注意力，也容易让顾客产生不愉快的情绪。女性收银员上岗时要保证自己身上的装饰品不超过三件。例如，钉状耳环一对、戒指一枚、简洁项链一条（或手表一只）等。男性收银员一般仅适宜佩戴戒指、手表。

收银员工作时间不易佩戴：有色眼镜；有镶嵌物的钻戒；大圈或带坠耳环、手链、脚链等。

二、行为举止礼仪

1. 行为规范

为加强收银员的职业道德，规范收银员的工作行为，提高收银员的素质，保证收银工作的顺利进行，收银员在工作中必须遵守以下规范：

（1）收银员必须遵守“六必须”“八不准”。

1）“六必须”的内容是：必须按规定整齐着装；必须发型规范、化淡妆上岗、坐姿端庄、站姿标准；必须精神饱满、主动热情、微笑待客；必须文明礼貌、使用普通话，文明用语和唱收唱付；必须保持款台干净整齐；必须保持账款一致。

2）“八不准”的内容是：不准在收银台内聊天、嬉笑、打闹；不准在当班时擅自离台、离岗、停台；不准在款台内看书、看报；不准以点款、结账为借口，拒收和冷落顾客；不准在款台内会客、吃东西、喝饮料，将水杯放在款台上；不准踢、蹬、跷、靠、坐收银台；不准未到下班时间私自关闭款台或拒收；不准和顾客发生争吵辱骂甚至殴打现象。

（2）收银员必须遵守企业的财务制度和考勤制度。

（3）收银员到岗后，首先做好款台的卫生。

（4）每天的着装要得体，上班要穿工装，淡妆上班。

（5）收银员当班时不得将私人的钱物带进工作场所。

（6）每日听到迎宾曲时都要站立迎宾。

（7）收银员要注意自己的服务态度和服务技巧，不管发生任何情况，不得和顾客发生争吵。

（8）熟知企业的布局和 300 元以上的商品价格。

（9）当班时，收银员不得无故离台。如有事离台必须通知领班主管，并拦上护栏。

（10）收受支票、信用卡的收银员，对收受的银行票据必须票面清楚明白，对有疑问的，一定要告知主管和总收来决定是否接受。

（11）信用卡台的收银员每天营业结束后必须打印出结账单和关掉 POS 机的电源。

（12）每位收银员必须对所有商品进行清点，保证每一件商品进入电脑并且与所扫商品的价格相符。

（13）收银员必须爱护收银工具，如有损坏，照价赔偿。

2. 举止礼仪

（1）站姿礼仪（见图 4—6）

1）头端目正，小腹微收，双肩平正并稍向后张，右手放在左手上，虎口交叉相握，自然垂直放于体前。

2）挺胸、收腹、提臀，双膝尽量靠拢，脚尖成 30°张开（其间距以一拳为宜），脚跟靠拢，身体重心自两腿间垂直向下，全身重量均匀分布于双脚，不集中在脚跟或脚尖。

（2）坐姿礼仪（见图 4—7）

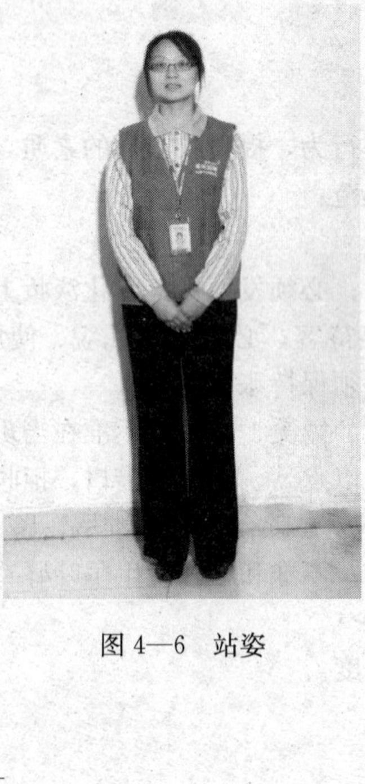

图 4—6　站姿

图 4—7　坐姿

1）头部端正，上身平直，上颚稍向前送，目光直视前方。

2）挺胸，直腰，身体重心集中在腰部，双手自然放于腿上，两腿并拢，双膝相靠，腿自然弯曲，小腿与地面垂直。

3）双脚并拢平放于地面，两脚前后放置相差不超过半个脚长。

（3）行走礼仪

1）上身平直端正，稍向前倾 3°～5°，双目平视前方，两肩左右相平，不前后左右摇晃。

2）行走时，双手五指自然并拢，两臂以肩为轴自然摆动，前摆时肘关节稍微弯曲，后摆幅度不宜过大（30°～35°），不用力甩腕。

3）双腿在行走过程中直而不僵，走路时，脚尖方向要端正，双脚沿直线平行向前，步幅不宜过大，步频不宜过快。

（4）手势礼仪

1）指引手势（见图 4—8）。五指并拢，掌心朝上，手臂以肘关节为轴，自然从体前上扬并向所指方向伸直（手臂伸直后应比肩低），同时上身前倾，头偏向指示方向并以目光示意。

图 4—8　指引手势

2）交谈手势。与人交谈使用手势时，动作不宜过大，手势不宜过多，不要用拇指指向自己（应用手掌轻按左胸），不要击掌或拍腿，更不可手舞足蹈。

（5）表情礼仪（见图 4—9）

1）微笑要甜美、温和友好、自然亲切、恰到好处，给人以愉快、舒适的感觉。

2）真诚，微笑要发自内心，是内心喜悦和真实的流露。收银员在任何时候、任何场合、对任何人都应微笑相待，始终如一。

（6）目光。眼睛是心灵的窗户，在收银工作中，收银员的目光应该是坦然、亲切的。准确恰当地运用目光来迎接顾客，是服务水平的具体体现。

1）在与顾客交谈时，目光应该注视顾客。收银员与顾客交谈时，目光应落在顾客以两眼为上线、唇心为下顶角形成的倒三角区，这样会给顾客一种轻松感。

2）要善于体会顾客的目光。在注视顾客的过程中，要善于体会顾客目光的含义。

图 4—9　表情

通过顾客眼神的变化，了解顾客的需求，不等顾客开口，便主动询问，主动服务。

单元 4

第5单元

安全知识

第1节　收银场所使用设备的安全常识

培训目标

→ 掌握收款机、显示器、扫描器、打印机、后备电源及电子秤的安全知识

一、收款机的安全使用

（1）保证工作环境良好，忌高温、潮湿、磁场干扰等。

（2）收款机应安放在平稳固定的位置上，要远离振动源。

（3）严禁在收款机上放置任何物品，如商品、维修工具、备件等；不要阻塞机器的通风口。

（4）严禁在收款机周边放置液体及大头针、图钉、导线等导电物体，若不小心有该类物体侵入机器时，须立即切断电源，并通知专业维修人员到场处理。

（5）收银员应严格按照收款机的操作程序，规范操作行为。

（6）不得频繁开启和关闭收款机，不得随意移动、拔插收款机上的电源线和数据线。

（7）当收款机发生故障时，应立即通知专业维修人员到场修理并尽量保护故障现场。

（8）收银员在结束工作时，应退出收款状态，以保障网络数据的通信畅通，并及时把防尘罩套在机器上。

（9）做好收款机的定期保养和维护。

（10）不要使用与机器规定不符的电压，否则会损伤机器。

二、显示器的安全使用

（1）注意保持显示器的清洁卫生。

（2）不得使用表面粗糙的布及纸张擦拭显示器以防划伤，以免影响显示效果。

（3）尽量减少转动显示器，如确需调整，应双手轻轻转动，以免数据线松动或扭断损坏显示器。

（4）工作时发现显示器异常，应通知专业维修人员到场修理，严禁自行拆卸检查。

（5）切忌把水及其他流质物体、杂物置于显示器上，以免引起元件烧毁、短路等故障。

三、扫描器的安全使用

（1）轻拿轻放、严禁磕碰。

（2）注意日常保养，注意避光、避灰尘并且保持扫描窗口表面的清洁。

（3）非工作时间须切断扫描器的电源。

（4）发现异常，应立即停止工作，并及时通知维修人员到场检查维修。

四、打印机的安全使用

（1）保持打印机的清洁，注意碎纸屑的清理。

（2）按正常程序开关打印机，每次关机后需等待 5 s 才能再次开机，否则易造成打印机的损坏。

（3）打印机数据线的插拔，须在关闭打印机电源后实施；打印机的关闭须在关闭电源前进行。

（4）为打印机的金属转轴部分加注润滑油。

（5）及时更换消耗品，如色带、打印纸等。

（6）出现卡纸现象应立即处理。

（7）打印机出现异常，应立即通知专业维修人员修理，不得自行拆卸维修。

五、后备电源的安全使用

后备电源即 UPS 电源用于断电后由电池直接向收款机供电。

1. 日常维护

（1）经常保持 UPS 电源外壳的清洁。

（2）严禁把 UPS 电源放在潮湿的地方，不要在 UPS 电源上及其周围放置任何物品。

（3）开启计算机设备之前应先开启 UPS 电源，而关闭 UPS 电源之前应先关闭计算机设备。

（4）当开启或使用中的 UPS 发出报警声及非正常声音时，须立即通知计算机管理部门人员。未经计算机管理部门人员许可，严禁以任何理由打开 UPS 电源进行检查。

2. 专业维护

（1）在带电的情况下不得搬动 UPS 电源或插拔 UPS 上的电源线。

（2）严禁在 UPS 电源上连接与计算机无关的设备，以防 UPS 超负荷运转。

（3）未经计算机管理部门人员许可，严禁以任何理由打开机壳。

（4）工作中的 UPS 一旦短路，须立即切断电源，并通知计算机管理部门值班人员到场处理。

六、电子秤的安全使用

（1）电子秤要放置在坚固、平整的地方。

（2）电子秤接通电源后，要按规定预热 15～30 min。

（3）注意监控温度，电子秤使用的温度范围一般为 0～40℃。

（4）避免太阳直射，远离腐蚀性物体或气体。

（5）严禁用力击打秤盘。

（6）避免长时间超载。
（7）定期检查，及时校准。

第2节　现金、支票递送过程中的安全常识

培训目标 → 了解现金、支票递送的安全知识

安全的现金、支票递送过程应为：在得到主管或领班结束收银工作的允许后，收银员须将钱箱内的钱币、票据等全部装入专用钱袋，然后离开收银台，到总收款室清点、缴款。

注意：
（1）收银员缴款时，应至少两人以上，或由收银前台保安人员陪同。
（2）收银员不得在收银台上清点货款，清点货款必须在总收款室进行。
（3）总收款室须由保安人员站岗，以保障现金及票据安全。

第3节　银行票据的安全常识

培训目标 → 了解支票、发票的安全知识

一、支票

收银员在接受付款人交来的支票时，应注意审核以下内容：
（1）支票收款人或被背书人是否确为本收款人。
（2）支票签发人及开户银行的属地是否在本结算区内。
（3）支票签发日期是否在付款期内。
（4）大小写金额是否一致。
（5）背书转让的支票其背书是否连续，有无“不准转让”字样。
（6）支票是否按规定用墨汁或碳素墨水填写，或用支票打印机打印。
（7）支票签发日期、收款人名称、大小写金额、用途等有无更改。

(8) 有密码的支票是否填写了密码。

(9) 签发人盖章是否齐全、清楚。

除以上必须审验的内容外，收款人对持支票购物者还应检查身份证、登录身份证号码，并问清其联系电话，待货款到达本单位账户后再进行发货，以免给企业造成损失。

二、发票

(1) 收银员领用的发票由本人保管及核销，不得由他人代领和代核销。核销时作废的页号折开，其作废号码要填入发票封面背后的发票检查记录栏内。

(2) 填制发票金额要凭顾客购物小票的消费金额填写，收银员在发票的有关项目中要签名。

(3) 核销发票时发现发票不连号的，经手人除要附贴上书面说明外，还要承担由此而产生的一切经济损失。

(4) 丢失发票要及时以书面形式报告财务部，丢失发票应该在报刊等公开媒体上声明作废，其费用要由经手人负责。

(5) 单位和个人应该建立发票使用登记制度，设置发票登记簿，并定期向主管国家税务机关报告使用情况。

(6) 单位和个人应当在办理变更或者注销税务登记的同时办理发票和发票领购簿的变更和缴销手续。

(7) 使用发票的单位和个人要妥善保管发票，不得丢失。发票丢失应当于丢失当日书面报告主管国家税务机关，并在报刊或电视等公开媒体公告声明作废，并接受国家税务机关的处罚。

(8) 开具发票的单位和个人应当按照国家税务机关的规定存放和保管发票，不得擅自损毁。已经开具的发票存根联和发票登记簿应保存5年。保存期满后，经报主管国家税务机关查验后销毁。

第4节 银行卡的安全常识

培训目标

→ 掌握银行卡的安全知识

一、收银员按信用卡操作规定，受理顾客信用卡付款，并要辨别信用卡真伪，认真核对证件和顾客签名。手工压卡操作由指定的收银台受理。

二、收银员在下列情况应打授权电话，并将授权号码填写在签购单相应栏中。

(1) 同一张卡同一天在同一收银台两次以上以手工压卡方式购物，消费总额达到授权金额的，应将前次所有交易与本次交易合并压印单据、合并授权，并当持卡人面将前次所有交易单据销毁。

（2）以手工压卡方式一次性购物消费总额达到规定授权金额的（外卡 5 000 元以上应手工压卡并授权）。

（3）对持卡人或对信用卡有所怀疑的。

三、对联网 POS 操作的银行卡，顾客未在卡背后签名条上预签名的，如果输入密码后交易成功，且核对顾客在签购单上的签字与银行卡姓名拼音相符的，收银员可以受理。

四、超市不受理外卡的商品范围包括：大家电、小家电、通信器材、照相器材、黄金钻石（镶嵌饰品除外）、进口手表、高级烟酒等。

五、对外卡、无密码卡、手工压卡方式操作的信用卡，顾客未在卡背后签名条上预签名的，收银员不得受理。

第 5 节　交易资料及机具保管的安全知识

培训目标　→ 了解交易资料及机具保管的安全知识

一、重要交易资料的保管

1. 收银员有义务对银行卡卡号、交易数据和持卡人资料进行保密

该类资料均属于机密资料，不得泄露或做其他用途使用，对银行卡交易资料的泄密可能承担相关法律责任。

2. 原始交易凭证的保留期限规定

商户应对各类签购单据、交易数据及与交易相关的原始凭证等保存至少两年，以便持卡人及发卡行在此期间进行查询和调单等，因商户对单据、数据及凭证保管不当或遗失而造成的经济损失由商户承担。

二、POS 机具的保管和维护

1. 妥善保管 POS 机具

（1）不要打开 POS 机壳。

（2）不要将 POS 机放在潮湿的地方，不要用液体和喷雾剂直接对 POS 机进行清洗。

（3）POS 机做交易处理期间，请勿动用与 POS 机相连的电话。

（4）不要在带电的情况下连接 POS 机与打印机及密码键盘。

（5）POS 机做交易处理期间，切勿将 POS 机断电。

（6）移动无线 POS 机不要在易燃易爆环境下使用或更换电池。

（7）移动无线 POS 机在使用过程中可能对无线通信设备造成干扰。

（8）POS 机内置电池为可充电电池，拆卸电池组时，要确保电池的金属触点不接触其他任何金属物体。

（9）POS 机应在固定的平稳台面上操作，如使用手握操作，请确信抓牢设备，设备跌落将可能导致设备严重损坏。

2. POS 机具保管及维修的风险防范

（1）POS 机存储有银行卡的交易数据，是交易、结算的重要工具，属于保密设备，商户应妥善保管，防止丢失。

（2）POS 设备必须与原件配套使用，非指定人员不得对 POS 设备进行任何检测，包括私自拆修、改装和更换部件。

（3）对于主动上门要求对 POS 机进行检修维护的人员，收银员要提高警惕，除要求检验其身份证明外，还应致电装机银行或公司进行核实。

（4）商户应注意保证 POS 机封条完好，如封条出现自然磨损，商户应通知装机银行或公司进行检查、更换。

3. POS 机操作的安全措施

（1）妥善保管收银员个人操作密码。特别是主管密码人员，因涉及 POS 机操作员的管理权限，不得随意向他人泄露密码情况，防止权限被冒用。

（2）使用键盘锁定功能。当收银员暂时离开 POS 机时，为保证用户安全，可以锁定键盘。

（3）收银员交接换班时，注意打印对账报表，对账完毕并签退。

第 6 节　意外情况的安全常识

培训目标

→ 掌握人身意外事故、停电、盗抢、火灾以及恶性事件等意外情况的处理知识

一、人身意外事故的处理

人身意外事故的处理包括以下方面：

1. 收银区域发生人身意外事故

要在第一时间进行报告。顾客发生意外要报告客服经理及安全主管，员工发生意外

要报告该部门管理人员及安全主管。

2. 有顾客晕倒、突发急性病

立刻通知相关人员进行必要的急救处理，尤其是老年人、残疾人、孕妇和儿童，应迅速拨打急救电话请派急救车，并由店内人员护送顾客到医院救治。

3. 意外伤害、重大伤害事故

受伤员工应立即到医院就医，受伤顾客应在客服经理的陪同下立即到医院就医，并将情况及时上报商场有关部门，以便更好地处理善后赔偿事宜。

4. 发生有人不慎触电的情况

立即对触电者实施急救。急救方法为：在条件方便的情况下设法切断电源，用绝缘材料如木棒等将触电者拨离触电场所；发现触电者心跳、呼吸停止时，要立即进行心肺复苏抢救。

二、突然停电的处理

突然停电的处理要注意做好以下工作：

1. 做好事前预防

店内应准备有紧急照明灯、手电筒等应急照明工具，有条件的商场可以装置自动发电机。还要及时掌握电力公司的停电信息，提前做好各项准备工作。

2. 停电时的处理措施

商场应迅速查明停电原因，以便及时做出应对之策。若停电是在晚上，且停电时间较长，可考虑停止营业。停电时收款机无法打出发票，可利用空白纸张填上购物金额，并加盖发票章，请顾客下次来店时凭此兑换发票。收银员应迅速将收款机钱箱关好。店长应迅速将人员分配至收银台附近及卖场内，以保证现金及商品的安全。同时要做好顾客的安抚工作，并请顾客谅解因停电带来的不便。

3. 来电后的处理措施

来电后应检查工作场所有无异常情况，清点物品，待一切恢复正常之后开始继续工作。

三、处理抢劫

（1）如果收银台遭遇劫匪，收银员应做到以下几点：

1）遇到抢劫时，要冷静，及时按响警铃，以通知商场保安人员。

2）收银员应记清劫匪的衣着、体形和面部特征等信息。

3）收银员要注意观察劫匪是否有同伙。

4）对于持有凶器的劫匪，收银员不要与之直接搏斗，应想办法尽量拖延时间，以不危害自身生命安全为前提。

5）保安人员到场后，收银员应积极协助保安人员，提供劫匪的逃跑路线、特征和抢劫物品等信息。

6）劫匪离开后，要注意保护作案现场的完整性。

7）警察到现场后，要配合警察工作，并清点损失，及时备案。

（2）为避免盗抢事件的发生，收银员在下列情况下应注意将大额现金及时上缴：

1）现金积累到 3 000～5 000 元时。

2）早班收银员吃午餐前。

3）晚班收银员吃晚餐前。

4）银行工作人员来店铺提款之前。

四、火灾处理

发生火灾时，收银员应该保持冷静，及时正确地处理火灾。

1. 报警

发生火灾时，收银员要保持冷静，按规定立即拨打内部报警装置或外部 119 火警电话，报告失火单位名称、地址、失火时间、火势及自己的姓名、身份、联系电话以及是否有人员受伤等。

2. 清理收银现场

（1）发生火灾时，收银员应将钱箱锁好，避免混乱中现金被盗。

（2）现金室和收银主管等应立即携带现金、支票撤离到安全区域，尽量避免财产的损失。

（3）收银员要保护重要文件、软件、设备，迅速撤离到安全区域。

3. 疏散顾客

（1）对于发现比较早，火势易于控制的火灾，应及时协同保安人员进行现场灭火或疏散顾客。

（2）对于火势较大的火灾，应立即疏散顾客，以保护顾客的安全为第一要务。

（3）收银员应了解商场、超市安全通道的位置。

（4）发生火灾时，收银员要保持冷静，指导收银台附近的顾客前往最近的安全通道。

（5）组织顾客，有序撤离火灾现场，避免出现拥挤的情况。

4. 灭火处理

收银员应掌握各种灭火器的使用方法，协助保安人员现场灭火。下面以二氧化碳灭火器的使用为例，说明灭火器的使用方法。

（1）灭火时将灭火器提到火场，在距燃烧物 5 m 左右，放下灭火器拔出保险销，一手握住喇叭筒根部的手柄，另一只手紧握启闭阀的压把。

（2）对没有喷射软管的二氧化碳灭火器，应把喇叭筒往上扳 70°～90°。

（3）使用二氧化碳灭火器时，不能直接用手抓住喇叭筒外壁或金属连线管，防止手被冻伤。

（4）灭火时，当可燃液体呈流淌状燃烧时，将二氧化碳灭火剂的喷流由近而远向火焰喷射。如果可燃液体在容器内燃烧，使用者应将喇叭筒提起，从容器的一侧上部向燃烧的容器中喷射。但不能将二氧化碳射流直接冲击可燃液面，以防止将可燃液体冲出容器而扩大火势，造成灭火困难。

（5）使用二氧化碳灭火器时，如在室外使用，应选择在上风向喷射。在室内狭小空间使用的，灭火后操作者应迅速离开，以防出现窒息。

五、恶性突发事件处理

遇有打架、爆炸等恶性突发事件，收银员要做到：

（1）立即锁好钱箱，将收款机设置成收银暂停状态。

（2）向安全主管或部门主管报告可疑人员、可疑物品。注意对可疑物不可随意翻看和挪动。

（3）协助保安人员维持秩序，保护现场。

第6单元

相关法律、法规知识

第1节 《中华人民共和国劳动法》相关知识

培训目标

→ 1. 了解劳动者的权利、义务

→ 2. 熟悉劳动法关于就业政策、劳动制度、职业培训、社会保险和福利方面的内容

《中华人民共和国劳动法》（以下简称《劳动法》）由中华人民共和国第八届全国人民代表大会常务委员会第八次会议于 1994 年 7 月 5 日通过，自 1995 年 1 月 1 日起施行。

一、劳动法的概念

劳动法是调整劳动关系，保护劳动者的合法权益的法律规范的总称。

在中华人民共和国境内的企业、个体经济组织（以下统称用人单位）和与之形成劳动关系的劳动者，适用本法。

国家机关、事业组织、社会团体和与之建立劳动合同关系的劳动者，依照本法执行。

劳动法对建立和维护适应社会主义市场经济的劳动制度，促进经济发展和社会进步具有重要作用。

二、劳动者的权利、义务

1. 劳动者的权利

（1）平等就业和选择职业的权利。

（2）取得劳动报酬的权利。

（3）休息休假的权利。

（4）获得劳动安全卫生保护的权利。

（5）接受职业技能培训的权利。

（6）享受社会保险和福利的权利。

（7）提请劳动争议处理的权利以及法律规定的其他劳动权利。

（8）依法参加和组织工会的权利。

（9）依照法律规定，通过职工大会、职工代表大会或者其他形式，参与民主管理或者就保护劳动者合法权益与用人单位进行平等协商。

2. 劳动者的义务

（1）完成劳动任务。

（2）提高职业技能。

(3) 执行劳动安全卫生规程。

(4) 遵守劳动纪律和职业道德。

三、就业政策

国家通过促进经济和社会发展，创造就业条件，扩大就业机会。

国家鼓励企业、事业组织、社会团体在法律、行政法规规定的范围内兴办产业或者拓展经营，增加就业。

国家支持劳动者自愿组织起来就业和从事个体经营实现就业。

地方各级人民政府应当采取措施，发展多种类型的职业介绍机构，提供就业服务。

劳动者就业，不因民族、种族、性别、宗教信仰不同而受歧视。

妇女享有与男子平等的就业权利。

残疾人、少数民族人员、退出现役的军人的就业，法律、法规有特别规定的，从其规定。

禁止用人单位招用未满 16 周岁的未成年人。

文艺、体育和特种工艺单位招用未满 16 周岁的未成年人，必须依照国家有关规定，履行审批手续，并保障其接受义务教育的权利。

四、劳动制度

1. 工作时间和休息休假

国家实行劳动者每日工作时间不超过 8 h、平均每周工作时间不超过 44 h 的工时制度。

用人单位由于生产经营需要，经与工会和劳动者协商后可以延长工作时间，一般每日不得超过 1 h；因特殊原因需要延长工作时间的，在保障劳动者身体健康的条件下延长工作时间每日不得超过 3 h，但是每月不得超过 36 h。

有下列情形之一的，用人单位应当按照下列标准支付高于劳动者正常工作时间工资的工资报酬：

(1) 安排劳动者延长工作时间的，支付不低于工资的 150%的工资报酬。

(2) 休息日安排劳动者工作又不能安排补休的，支付不低于工资的 200%的工资报酬。

(3) 法定休假日安排劳动者工作的，支付不低于工资的 300%的工资报酬。

国家实行带薪年休假制度。

劳动者连续工作一年以上的，享受带薪年休假。

2. 工资

工资分配应当遵循按劳分配原则，实行同工同酬。

工资水平在经济发展的基础上逐步提高。国家对工资总量实行宏观调控。

国家实行最低工资保障制度。最低工资的具体标准由省、自治区、直辖市人民政府规定，报国务院备案。

用人单位支付劳动者的工资不得低于当地最低工资标准。

工资应当以货币形式按月支付给劳动者本人。不得克扣或者无故拖欠劳动者的工资。

劳动者在法定休假日和婚丧假期间以及依法参加社会活动期间，用人单位应当依法支付工资。

五、女职工和未成年工特殊保护

国家对女职工和未成年工实行特殊劳动保护。

未成年工是指年满 16 周岁未满 18 周岁的劳动者。

对怀孕 7 个月以上的女职工，不得安排其延长工作时间和夜班劳动。

女职工生育享受不少于 90 天的产假。

不得安排女职工在哺乳未满一周岁的婴儿期间从事国家规定的第三级体力劳动强度的劳动和哺乳期禁忌从事的其他劳动，不得安排其延长工作时间和夜班劳动。

六、职业培训

用人单位应当建立职业培训制度，按照国家规定提取和使用职业培训经费，根据本单位实际，有计划地对劳动者进行职业培训。

从事技术工种的劳动者，上岗前必须经过培训。

国家确定职业分类，对规定的职业制定职业技能标准，实行职业资格证书制度，由经过政府批准的考核鉴定机构负责对劳动者实施职业技能考核鉴定。

七、社会保险和福利

国家发展社会保险事业，建立社会保险制度，设立社会保险基金，使劳动者在年老、患病、工伤、失业、生育等情况下获得帮助和补偿。

社会保险基金按照保险类型确定资金来源，逐步实行社会统筹。用人单位和劳动者必须依法参加社会保险，缴纳社会保险费。

劳动者在下列情形下，依法享受社会保险待遇：

（1）退休。

（2）患病、负伤。

（3）因工伤残或者患职业病。

（4）失业。

（5）生育。

劳动者死亡后，其遗属依法享受遗属津贴。

用人单位应当创造条件，改善集体福利，提高劳动者的福利待遇。

八、劳动争议

用人单位与劳动者发生劳动争议，当事人可以依法申请调解、仲裁、提起诉讼，也可以协商解决。

调解原则适用于仲裁和诉讼程序。

解决劳动争议，应当根据合法、公正、及时处理的原则，依法维护劳动争议当事人的合法权益。

【例 6—1】同工同酬

王某是一家劳务派遣公司的员工。2010 年 1 月 20 日，王某被派遣到某服装有限公司工作。王某与派遣单位没有约定月工资的标准。王某到服装公司工作一个月后，王某得到的工资为 1 000 元。王某后来得知，公司与自己同岗位的员工工资为 1 800 元。王某感觉公司对自己很不公平，于是与派遣公司、服装公司的领导沟通自己的工资问题，希望能与同岗位其他员工的工资一样，服装公司的领导表示，王某不是服装公司的员工，不能与其他同岗位的员工享受同样的工资待遇。王某无奈提起劳动仲裁，要求享受每月 1 800 元的工资待遇。最终，王某胜诉。

《劳动法》第 46 条规定，工资分配应当遵循按劳分配原则，实行同工同酬。

本案中，王某与服装公司虽然没有形成劳动关系，其工资由派遣公司支付，但王某被派遣到服装公司后，享有与服装公司的劳动者同工同酬的权利。在工作内容、工作量、工作业绩大体相同的情况下，派遣单位应当向王某支付与用人单位劳动者大体相同的工资，而不得以王某为非本用人单位的员工为借口违反同工同酬的原则。

第 2 节 《中华人民共和国劳动合同法》相关知识

培训目标

→ 1. 了解劳动合同的订立、期限、解除和终止

→ 2. 掌握劳动合同的内容

《中华人民共和国劳动合同法》（以下简称《劳动合同法》）由中华人民共和国第十届全国人民代表大会常务委员会第二十八次会议于 2007 年 6 月 29 日通过，自 2008 年 1 月 1 日起施行。

一、劳动合同法的概念

劳动合同法是为了完善劳动合同制度，明确劳动合同双方当事人的权利和义务，保护劳动者的合法权益，构建和发展和谐稳定的劳动关系而制定的法律规范。

中华人民共和国境内的企业、个体经济组织、民办非企业单位等组织（以下称用人单位）与劳动者建立劳动关系，订立、履行、变更、解除或者终止劳动合同，适用本法。

国家机关、事业单位、社会团体和与其建立劳动关系的劳动者，订立、履行、变

更、解除或者终止劳动合同，依照本法执行。

二、劳动合同的订立

用人单位自用工之日起即与劳动者建立劳动关系。用人单位应当建立职工名册备查。

用人单位招用劳动者时，应当如实告知劳动者工作内容、工作条件、工作地点、职业危害、安全生产状况、劳动报酬，以及劳动者要求了解的其他情况；用人单位有权了解劳动者与劳动合同直接相关的基本情况，劳动者应当如实说明。

用人单位招用劳动者，不得扣押劳动者的居民身份证和其他证件，不得要求劳动者提供担保或者以其他名义向劳动者收取财物。

建立劳动关系，应当订立书面劳动合同。

已建立劳动关系，未同时订立书面劳动合同的，应当自用工之日起一个月内订立书面劳动合同。

用人单位与劳动者在用工前订立劳动合同的，劳动关系自用工之日起建立。

三、劳动合同的期限

劳动合同分为固定期限劳动合同、无固定期限劳动合同和以完成一定工作任务为期限的劳动合同。

固定期限劳动合同，是指用人单位与劳动者约定合同终止时间的劳动合同。

用人单位与劳动者协商一致，可以订立固定期限劳动合同。

无固定期限劳动合同，是指用人单位与劳动者约定无确定终止时间的劳动合同。

有下列情形之一，劳动者提出或者同意续订、订立劳动合同的，除劳动者提出订立固定期限劳动合同外，应当订立无固定期限劳动合同：

（1）劳动者在该用人单位连续工作满 10 年的。

（2）用人单位初次实行劳动合同制度或者国有企业改制重新订立劳动合同时，劳动者在该用人单位连续工作满 10 年且距法定退休年龄不足 10 年的。

（3）连续订立二次固定期限劳动合同，且劳动者没有《劳动合同法》第 39 条和第 40 条第一项、第二项规定的情形，续订劳动合同的。

用人单位自用工之日起满一年不与劳动者订立书面劳动合同的，视为用人单位与劳动者已订立无固定期限劳动合同。

以完成一定工作任务为期限的劳动合同，是指用人单位与劳动者约定以某项工作的完成为合同期限的劳动合同。

劳动合同期限 3 个月以上不满一年的，试用期不得超过 1 个月；劳动合同期限一年以上不满 3 年的，试用期不得超过 2 个月；3 年以上固定期限和无固定期限的劳动合同，试用期不得超过 6 个月。

同一用人单位与同一劳动者只能约定一次试用期。

以完成一定工作任务为期限的劳动合同或者劳动合同期限不满 3 个月的，不得约定试用期。

试用期包含在劳动合同期限内。劳动合同仅约定试用期的，试用期不成立，该期限为劳动合同期限。

四、劳动合同的内容

（1）用人单位的名称、住所和法定代表人或者主要负责人。

（2）劳动者的姓名、住址和居民身份证或者其他有效身份证件号码。

（3）劳动合同期限。

（4）工作内容和工作地点。

（5）工作时间和休息休假。

（6）劳动报酬。

（7）社会保险。

（8）劳动保护、劳动条件和职业危害防护。

（9）法律、法规规定应当纳入劳动合同的其他事项。

劳动合同除前款规定的必备条款外，用人单位与劳动者可以约定试用期、培训、保守秘密、补充保险和福利待遇等其他事项。

五、劳动合同的解除和终止

1. 双方协商解除劳动合同

用人单位与劳动者协商一致，可以解除劳动合同。

2. 劳动者解除劳动合同

劳动者提前 30 日以书面形式通知用人单位，可以解除劳动合同。劳动者在试用期内提前 3 日通知用人单位，可以解除劳动合同。

用人单位有下列情形之一的，劳动者可以解除劳动合同：

（1）未按照劳动合同约定提供劳动保护或者劳动条件的。

（2）未及时足额支付劳动报酬的。

（3）未依法为劳动者缴纳社会保险费的。

（4）用人单位的规章制度违反法律、法规的规定，损害劳动者权益的。

（5）因以下规定的情形致使劳动合同无效：

1）以欺诈、胁迫的手段或者乘人之危，使对方在违背真实意思的情况下订立或者变更劳动合同的。

2）用人单位免除自己的法定责任、排除劳动者权利的。

3）违反法律、行政法规强制性规定的。

（6）法律、行政法规规定劳动者可以解除劳动合同的其他情形。用人单位以暴力、威胁或者非法限制人身自由的手段强迫劳动者劳动的，或者用人单位违章指挥、强令冒险作业危及劳动者人身安全的，劳动者可以立即解除劳动合同，不需事先告知用人单位。

3. 用人单位解除劳动合同

（1）有下列情形之一的，用人单位提前 30 日以书面形式通知劳动者本人或者额外支付劳动者1个月工资后，可以解除劳动合同：

1）劳动者患病或者非因工负伤，在规定的医疗期满后不能从事原工作，也不能从事由用人单位另行安排的工作的。

2）劳动者不能胜任工作，经过培训或者调整工作岗位，仍不能胜任工作的。

3）劳动合同订立时所依据的客观情况发生重大变化，致使劳动合同无法履行，经用人单位与劳动者协商，未能就变更劳动合同内容达成协议的。

（2）有下列情形之一，需要裁减人员20人以上或者裁减不足20人但占企业职工总数10%以上的，用人单位提前30日向工会或者全体职工说明情况，听取工会或者职工的意见后，裁减人员方案经向劳动行政部门报告，可以裁减人员：

1）依照企业破产法规定进行重整的。

2）生产经营发生严重困难的。

3）企业转产、重大技术革新或者经营方式调整，经变更劳动合同后，仍需裁减人员的。

4）其他因劳动合同订立时所依据的客观经济情况发生重大变化，致使劳动合同无法履行的。

（3）劳动者有下列情形之一的，用人单位不得解除劳动合同：

1）从事接触职业病危害作业的劳动者未进行离岗前职业健康检查，或者疑似职业病病人在诊断或者医学观察期间的。

2）在本单位患职业病或者因工负伤并被确认丧失或者部分丧失劳动能力的。

3）患病或者非因工负伤，在规定的医疗期内的。

4）女职工在孕期、产期、哺乳期的。

5）在本单位连续工作满15年，且距法定退休年龄不足5年的。

6）法律、行政法规规定的其他情形。

六、法律责任

用人单位直接涉及劳动者切身利益的规章制度违反法律、法规规定的，由劳动行政部门责令改正，给予警告；给劳动者造成损害的，应当承担赔偿责任。

用人单位提供的劳动合同文本未载明本法规定的劳动合同必备条款或者用人单位未将劳动合同文本交付劳动者的，由劳动行政部门责令改正；给劳动者造成损害的，应当承担赔偿责任。

用人单位自用工之日起超过1个月不满1年未与劳动者订立书面劳动合同的，应当向劳动者每月支付2倍的工资。

用人单位违反本法规定不与劳动者订立无固定期限劳动合同的，自应当订立无固定期限劳动合同之日起向劳动者每月支付2倍的工资。

用人单位违反本法规定与劳动者约定试用期的，由劳动行政部门责令改正；违法约定的试用期已经履行的，由用人单位以劳动者试用期满月工资为标准，按已经履行的超过法定试用期的期间向劳动者支付赔偿金。

用人单位违反本法规定，扣押劳动者居民身份证等证件的，由劳动行政部门责令限期退还劳动者本人，并依照有关法律规定给予处罚。

用人单位违反本法规定，以担保或者其他名义向劳动者收取财物的，由劳动行政部门责令限期退还劳动者本人，并以每人500元以上2 000元以下的标准处以罚款；给劳动者造成损害的，应当承担赔偿责任。

劳动者依法解除或者终止劳动合同，用人单位扣押劳动者档案或者其他物品的，依照前款规定处罚。

用人单位有下列情形之一的，由劳动行政部门责令限期支付劳动报酬、加班费或者经济补偿；劳动报酬低于当地最低工资标准的，应当支付其差额部分；逾期不支付的，责令用人单位按应付金额50%以上100%以下的标准向劳动者加付赔偿金：

(1) 未按照劳动合同的约定或者国家规定及时足额支付劳动者劳动报酬的。

(2) 低于当地最低工资标准支付劳动者工资的。

(3) 安排加班不支付加班费的。

(4) 解除或者终止劳动合同，未依照本法规定向劳动者支付经济补偿的。

【例6—2】怀孕，合同期满

2012年年初，在某大型超市工作的小刘经医院检查已怀孕。4个月后，小刘与超市为期两年的劳动合同到期，超市以劳动合同期满不为其续签合同为由，通知小刘终止劳动关系。对此，小刘多次与超市交涉未果，她只能向劳动仲裁申请仲裁，要求撤销超市与其终止劳动合同的决定。

在劳动仲裁开庭审理时，小刘认为：在怀孕期间，根据《中华人民共和国劳动合同法》的规定，单位是不能与自己终止劳动合同的，自己在“三期”内的权益理应受到法律的特殊保护。现在单位以劳动合同期满而不再续签合同为由终止劳动关系，是违反劳动合同法和本市有关规定的，所以要求劳动仲裁撤销超市终止劳动合同的决定，恢复劳动关系，继续履行合同。而超市方则认为：因劳动合同期满，单位不再与小刘续签合同，所以可以与其终止劳动合同，对小刘提出的要求不予同意。

本案争议的焦点是女职工在怀孕期间，用人单位是否可以以劳动合同期满，不再与职工续签合同为由，与职工终止劳动合同。

根据国家法律、法规的有关规定，女职工在孕期、产期、哺乳期内的劳动权益是得到法律保护的，用人单位不得与职工解除劳动合同。即使劳动合同期满，企业也不得终止其劳动合同，必须延续至哺乳期满。

同时，按照《中华人民共和国劳动合同法》第45条规定，劳动合同期满，有本法第42条规定情形之一的，劳动合同应当续延至相应的情形消失时终止。而第42条规定的情形是：女职工在孕期、产期、哺乳期内，用人单位不得依照本法的有关规定与劳动者解除劳动合同。同样，女职工在孕期、产期、哺乳期内，用人单位不得与女职工终止合同，用人单位应顺延其劳动合同期至哺乳期满。

由此可见，小刘在怀孕期间，用人单位是不能与其终止劳动关系的，劳动合同期限应顺延至上述情形消失。现在超市与小刘终止劳动合同的这种做法是与《中华人民共和国劳动合同法》的规定相违背的。所以，劳动仲裁依法做出裁决，撤销超市与小刘终止劳动关系的决定，恢复劳动关系，继续履行劳动合同。

第3节 《中华人民共和国消费者权益保护法》相关知识

培训目标

→ 1. 了解消费者的权利

→ 2. 熟悉经营者的义务

《中华人民共和国消费者权益保护法》（以下简称《消费者权益保护法》）由中华人民共和国第八届全国人民代表大会常务委员会第四次会议于 1993 年 10 月 31 日通过，自 1994 年 1 月 1 日起施行。

一、消费者与经营者的概念

1. 消费者

消费者是为生活消费需要购买、使用商品或者接受服务的人群，其权益受《消费者权益保护法》保护，《消费者权益保护法》未作规定的，受其他有关法律、法规保护。

2. 经营者

经营者是为消费者提供其生产、销售的商品或者提供服务的人群，应当遵守《消费者权益保护法》，《消费者权益保护法》未作规定的，应当遵守其他有关法律、法规。

经营者与消费者进行交易，应当遵循自愿、平等、公平、诚实信用的原则。

国家保护消费者的合法权益不受侵害。

二、消费者的权利

（1）消费者在购买、使用商品和接受服务时享有人身、财产安全不受损害的权利。

（2）消费者有权要求经营者提供的商品和服务，符合保障人身、财产安全的要求。

（3）消费者享有知悉其购买、使用的商品或者接受的服务的真实情况的权利。

（4）消费者有权根据商品或者服务的不同情况，要求经营者提供商品的价格、产地、生产者、用途、性能、规格、等级、主要成分、生产日期、有效期限、检验合格证明、使用方法说明书、售后服务，或者服务的内容、规格、费用等有关情况。

（5）消费者享有自主选择商品或者服务的权利。

（6）消费者在自主选择商品或者服务时，有权进行比较、鉴别和挑选。

（7）消费者享有公平交易的权利。

（8）消费者因购买、使用商品或者接受服务受到人身、财产损害的，享有依法获得赔偿的权利。

（9）消费者享有依法成立维护自身合法权益的社会团体的权利。

（10）消费者享有获得有关消费和消费者权益保护方面的知识的权利。

（11）消费者在购买、使用商品和接受服务时，享有其人格尊严、民族风俗习惯得到尊重的权利。

（12）消费者享有对商品和服务以及保护消费者权益工作进行监督的权利。

三、经营者的义务

（1）经营者向消费者提供商品或者服务，应当依照《中华人民共和国产品质量法》和其他有关法律、法规的规定履行义务。

（2）经营者应当听取消费者对其提供的商品或者服务的意见，接受消费者的监督。

（3）经营者应当保证其提供的商品或者服务符合保障人身、财产安全的要求。

（4）经营者应当向消费者提供有关商品或者服务的真实信息，不得作引人误解的虚假宣传。商店提供的商品应当明码标价。

（5）经营者应当标明其真实名称和标记。

（6）租赁他人柜台或者场地的经营者，应当标明其真实名称和标记。

（7）经营者提供商品或者服务，应当按照国家有关规定或者商业惯例向消费者出具购货凭证或者服务单据。

（8）经营者应当保证在正常使用商品或者接受服务的情况下其提供的商品或者服务应当具有的质量、性能、用途和有效期限。

经营者以广告、产品说明、实物样品或者其他方式表明商品或者服务的质量状况的，应当保证其提供的商品或者服务的实际质量与表明的质量状况相符。

（9）经营者提供商品或者服务，按照国家规定或者与消费者的约定，承担包修、包换、包退或者其他责任的，应当按照国家规定或者约定履行，不得故意拖延或者无理拒绝。

（10）经营者不得以格式合同、通知、声明、店堂告示等方式作出对消费者不公平、不合理的规定，或者减轻、免除其损害消费者合法权益应当承担的民事责任。

（11）经营者不得对消费者进行侮辱、诽谤，不得搜查消费者的身体及其携带的物品，不得侵犯消费者的人身自由。

四、消费者组织

消费者协会和其他消费者组织是依法成立的对商品和服务进行社会监督的保护消费者合法权益的社会团体。

消费者协会履行下列职能：

（1）向消费者提供消费信息和咨询服务。

（2）参与有关行政部门对商品和服务的监督、检查。

（3）就有关消费者合法权益的问题，向有关行政部门反映、查询，提出建议。

（4）受理消费者的投诉，并对投诉事项进行调查、调解。

（5）投诉事项涉及商品和服务质量问题的，可以提请鉴定部门鉴定，鉴定部门应当告知鉴定结论。

（6）就损害消费者合法权益的行为，支持受损害的消费者提起诉讼。

（7）对损害消费者合法权益的行为，通过大众传播媒介予以揭露、批评。

五、争议的解决

消费者和经营者发生消费者权益争议的，可以通过下列途径解决：

（1）与经营者协商和解。

（2）请求消费者协会调解。

（3）向有关行政部门申诉。

（4）根据与经营者达成的仲裁协议提请仲裁机构仲裁。

（5）向人民法院提起诉讼。

六、法律责任

经营者提供商品或者服务有下列情形之一的，应当依照《中华人民共和国产品质量法》和其他有关法律、法规的规定，承担民事责任：

（1）商品存在缺陷的。

（2）不具备商品应当具备的使用性能而出售时未作说明的。

（3）不符合在商品或者其包装上注明采用的商品标准的。

（4）不符合商品说明、实物样品等方式表明的质量状况的。

（5）生产国家明令淘汰的商品或者销售失效、变质的商品的。

（6）销售的商品数量不足的。

（7）服务的内容和费用违反约定的。

（8）对消费者提出的修理、重作、更换、退货、补足商品数量、退还货款和服务费用或者赔偿损失的要求，故意拖延或者无理拒绝的。

（9）法律、法规规定的其他损害消费者权益的情形。

经营者提供商品或者服务，造成消费者财产损害的，应当按照消费者的要求，以修理、重作、更换、退货、补足商品数量、退还货款和服务费用或者赔偿损失等方式承担民事责任。消费者与经营者另有约定的，按照约定履行。

对国家规定或者经营者与消费者约定包修、包换、包退的商品，经营者应当负责修理、更换或者退货。在保修期内两次修理仍不能正常使用的，经营者应当负责更换或者退货。

对包修、包换、包退的大件商品，消费者要求经营者修理、更换、退货的，经营者应当承担运输等合理费用。

【例 6—3】一双旅游鞋

退休工人赵某准备为读大学的儿子买一双真皮旅游鞋。来到一家百货商店的售鞋柜台前，仔细观看了很久，选中了一双标价 125 元的高帮白色旅游鞋，然后问服务员这是不是真皮的，此时服务员正忙着与另一位服务员交谈，无暇顾及，要赵某自己看商品标签，赵某不识字，便再向服务员询问，服务员没好气地说："什么真皮不真皮，要买就付钱。"赵某见问不出名堂，便私下猜测这鞋这么贵，应该是真皮的，便付钱买下。回家后，儿子一见便说这鞋不是真皮的，再找几个人看了鞋子，也都说不是真皮的。第二天赵某提着鞋子到百货商店去退货。商店服务员也承认这鞋不是真皮的，但认为该鞋明码标价，赵某自己挑选，而且货款两清，不同意退货，双方遂吵了起来。值班经理闻讯赶来，问明情况，也认为错在赵某，不同意退货。赵某一气之下告到法院，要求百货商店退货并赔偿往返损失。受诉法院审理后认为商店服务员对赵某的询问不做真实明确的答复，违反了《消费者权益保护法》的有关规定，商店应对此承担民事责任。我国《消费者权益保护法》第 19 条明确规定："经营者应当向消费者提供有关商品或者服务的真实信息，不得做引人误解的虚假宣传。经营者对消费者就其提供的商品或者服务的质量和使用方法等问题提出的询问，应当做出真实、明确的答复。商店提供商品应当明码标价。"经调解，百货商店同意退货，并赔偿赵某往返损失人民币 30 元。

第 4 节 《中华人民共和国产品质量法》相关知识

培训目标

→ 了解生产者和消费者的产品质量责任和义务

《中华人民共和国产品质量法》(以下简称《产品质量法》)由中华人民共和国第七届全国人民代表大会常务委员会第三十次会议于 1993 年 2 月 22 日通过，自 1993 年 9 月 1 日起施行。

一、产品质量法与产品概述

1. 产品质量法

产品质量法是为了加强对产品质量的监督管理，提高产品质量水平，明确产品质量责任，保护消费者的合法权益，维护社会经济秩序，制定的法规。

在中华人民共和国境内从事产品生产、销售活动，必须遵守《产品质量法》。

2. 产品

《产品质量法》所称产品是指经过加工、制作，用于销售的产品。

二、生产者的产品质量责任和义务

生产者应当对其生产的产品质量负责。

产品质量应当符合下列要求：

(1) 不存在危及人身、财产安全的不合理的危险，有保障人体健康和人身、财产安全的国家标准、行业标准的，应当符合该标准。

(2) 具备产品应当具备的使用性能，但是，对产品存在使用性能的瑕疵做出说明的除外。

（3）符合在产品或者其包装上注明采用的产品标准，符合以产品说明、实物样品等方式表明的质量状况。

生产者不得生产国家明令淘汰的产品。

生产者不得伪造产地，不得伪造或者冒用他人的厂名、厂址。

生产者不得伪造或者冒用认证标志等质量标志。

生产者生产产品，不得掺杂、掺假，不得以假充真、以次充好，不得以不合格产品冒充合格产品。

三、销售者的产品质量责任和义务

销售者应当建立并执行进货检查验收制度，验明产品合格证明和其他标识。

销售者应当采取措施，保持销售产品的质量。

销售者不得销售国家明令淘汰并停止销售的产品和失效、变质的产品。

销售者销售的产品的标识应当符合国家规定。

销售者不得伪造产地，不得伪造或者冒用他人的厂名、厂址。

销售者不得伪造或者冒用认证标志等质量标志。

销售者销售产品，不得掺杂、掺假，不得以假充真、以次充好，不得以不合格产品冒充合格产品。

四、产品责任

1. 损害赔偿

售出的产品有下列情形之一的，销售者应当负责修理、更换、退货；给购买产品的消费者造成损失的，销售者应当赔偿损失：

（1）不具备产品应当具备的使用性能而事先未作说明的。

（2）不符合在产品或者其包装上注明采用的产品标准的。

（3）不符合以产品说明、实物样品等方式表明的质量状况的。

销售者依照前款规定负责修理、更换、退货、赔偿损失后，属于生产者的责任或者属于向销售者提供产品的其他销售者（以下简称供货者）的责任的，销售者有权向生产者、供货者追偿。

生产者能够证明有下列情形之一的，不承担赔偿责任：

（1）未将产品投入流通的。

（2）产品投入流通时，引起损害的缺陷尚不存在的。

（3）将产品投入流通时的科学技术水平尚不能发现缺陷的存在的。

2. 违反《产品质量法》的行政和刑事责任

生产、销售不符合保障人体健康和人身、财产安全的国家标准、行业标准的产品的，责令停止生产、销售，没收违法生产、销售的产品，并处违法生产、销售产品（包括已售出和未售出的产品，下同）货值金额等值以上 3 倍以下的罚款；有违法所得的，并处没收违法所得；情节严重的，吊销营业执照；构成犯罪的，依法追究刑事责任。

在产品中掺杂、掺假，以假充真，以次充好，或者以不合格产品冒充合格产品的，责令停止生产、销售，没收违法生产、销售的产品，并处违法生产、销售产品货值金额50%以上3倍以下的罚款；有违法所得的，并处没收违法所得；情节严重的，吊销营业执照；构成犯罪的，依法追究刑事责任。

生产国家明令淘汰的产品的，销售国家明令淘汰并停止销售的产品的，责令停止生产、销售，没收违法生产、销售的产品，并处违法生产、销售产品货值金额等值以下的罚款；有违法所得的，并处没收违法所得；情节严重的，吊销营业执照。

销售失效、变质的产品的，责令停止销售，没收违法销售的产品，并处违法销售产品货值金额2倍以下的罚款；有违法所得的，并处没收违法所得；情节严重的，吊销营业执照；构成犯罪的，依法追究刑事责任。

伪造产品产地的，伪造或者冒用他人厂名、厂址的，伪造或者冒用认证标志等质量标志的，责令改正，没收违法生产、销售的产品，并处违法生产、销售产品货值金额等值以下的罚款；有违法所得的，并处没收违法所得；情节严重的，吊销营业执照。

【例6—4】谁在侵权

张某于展览会上向一皮衣厂购得2 100元的皮衣一件，并看到："当面检验，概不退货。"八个字。回来后发现皮衣脱皮，质量不合格。张某要求退货，被拒绝。张某于是向电视台公布，并对皮衣厂进行曝光，使得皮衣厂销售量大减。皮衣厂告张某侵犯其名誉权，要求赔礼道歉，并赔偿经济损失。

"当面检验，概不退货。"八个字属于格式条款，也就是霸王条款，是肯定无效的，这条条款免除了商家的质量保证义务，排除消费者进行补救的权利，根据《合同法》的规定，属于无效的格式条款。张某的行为从表面上看造成了皮衣厂的销量减少，但是并不属于侵权行为，而是维护自己权益的合法行为，他有权利采取社会监督的方法来维护自己的权益；从本质上来说，造成皮衣厂销量下降是因为其产品确实存在质量问题，张某的行为与皮衣厂销量下降并没有本质的因果关系。而且张某主观上并没有过错，不存在侵害他人权益的故意或者过失，这种行为是值得鼓励的行为。张某的行为不符合侵权行为的构成要件，所以不构成侵权。张某也无须承担违约责任。因为张某跟皮衣厂的买卖合同里，并没有规定张某不得向媒体公布这样的义务，也就不存在违约的问题。皮衣厂对其生产的产品负有质量保证责任，因此应当承担产品责任，当售出的产品不具备产品应当具备的使用性能，应当负责修理、更换或者退货。

第5节 《中华人民共和国广告法》相关知识

培训目标

→ 1. 了解广告的法律规定
→ 2. 熟悉广告的法律责任

《中华人民共和国广告法》（以下简称《广告法》）由中华人民共和国第八届全国人

民代表大会常务委员会第十次会议于 1994 年 10 月 27 日通过，自 1995 年 2 月 1 日起施行。

一、广告法与广告概述

1. 广告法

为了规范广告活动，促进广告业的健康发展，保护消费者的合法权益，维护社会经济秩序，发挥广告在社会主义市场经济中的积极作用，制定《广告法》。

广告主、广告经营者、广告发布者在中华人民共和国境内从事广告活动，应当遵守《广告法》。

2. 广告

《广告法》所称广告，是指商品经营者或者服务提供者承担费用，通过一定媒介和形式直接或者间接地介绍自己所推销的商品或者所提供的服务的商业广告。

3. 广告主

《广告法》所称广告主，是指为推销商品或者提供服务，自行或者委托他人设计、制作、发布广告的法人、其他经济组织或者个人。

4. 广告经营者

《广告法》所称广告经营者，是指受委托提供广告设计、制作、代理服务的法人、其他经济组织或者个人。

5. 广告发布者

《广告法》所称广告发布者，是指为广告主或者广告主委托的广告经营者发布广告的法人或者其他经济组织。

二、广告的法律规定

广告内容应当有利于人民的身心健康，促进商品和服务质量的提高，保护消费者的合法权益，遵守社会公德和职业道德，维护国家的尊严和利益。

广告不得有下列情形：

（1）使用中华人民共和国国旗、国徽、国歌。

（2）使用国家机关和国家机关工作人员的名义。

（3）使用国家级、最高级、最佳等用语。

（4）妨碍社会安定和危害人身、财产安全，损害社会公共利益。

（5）妨碍社会公共秩序和违背社会良好风尚。

（6）含有淫秽、迷信、恐怖、暴力、丑恶的内容。

（7）含有民族、种族、宗教、性别歧视的内容。

（8）妨碍环境和自然资源保护。

（9）法律、行政法规规定禁止的其他情形。

广告不得损害未成年人和残疾人的身心健康。

广告中对商品的性能、产地、用途、质量、价格、生产者、有效期限、允诺或者对服务的内容、形式、质量、价格、允诺有表示的，应当清楚、明白。

广告中表明推销商品、提供服务附带赠送礼品的，应当标明赠送的品种和数量。

广告使用数据、统计资料、调查结果、文摘、引用语，应当真实、准确，并标明出处。

广告中涉及专利产品或者专利方法的，应当标明专利号和专利种类。

未取得专利权的，不得在广告中谎称取得专利权。

禁止使用未授予专利权的专利申请和已经终止、撤销、无效的专利做广告。

广告不得贬低其他生产经营者的商品或者服务。

广告应当具有可识别性，能够使消费者辨明其为广告。

三、法律责任

违反《广告法》规定，利用广告对商品或者服务作虚假宣传的，由广告监督管理机关责令广告主停止发布并以等额广告费用在相应范围内公开更正消除影响，并处广告费用1倍以上5倍以下的罚款；对负有责任的广告经营者、广告发布者没收广告费用，并处广告费用1倍以上5倍以下的罚款；情节严重的，依法停止其广告业务。构成犯罪的，依法追究刑事责任。

违反《广告法》规定，发布虚假广告，欺骗和误导消费者，使购买商品或者接受服务的消费者的合法权益受到损害的，由广告主依法承担民事责任；广告经营者、广告发布者明知或者应知广告虚假仍设计、制作、发布的，应当依法承担连带责任。

发布广告违反《广告法》规定的，由广告监督管理机关责令负有责任的广告主、广告经营者、广告发布者停止发布、公开更正，没收广告费用，并处广告费用1倍以上5倍以下的罚款；情节严重的，依法停止其广告业务。

构成犯罪的，依法追究刑事责任。

违反《广告法》规定，发布药品、医疗器械、农药、食品、酒类、化妆品广告的，或者违反《广告法》第31条规定发布广告的，由广告监督管理机关责令负有责任的广告主、广告经营者、广告发布者改正或者停止发布，没收广告费用，可以并处广告费用1倍以上5倍以下的罚款；情节严重的，依法停止其广告业务。

利用广播、电影、电视、报纸、期刊发布烟草广告，或者在公共场所设置烟草广告的，由广告监督管理机关责令负有责任的广告主、广告经营者、广告发布者停止发布，没收广告费用，可以并处广告费用1倍以上5倍以下的罚款。

未经广告审查机关审查批准，发布广告的，由广告监督管理机关责令负有责任的广告主、广告经营者、广告发布者停止发布，没收广告费用，并处广告费用1倍以上5倍以下的罚款。

广告主提供虚假证明文件的，由广告监督管理机关处以1万元以上10万元以下的罚款。

广告主、广告经营者、广告发布者违反《广告法》规定，有下列侵权行为之一的，依法承担民事责任：

（1）在广告中损害未成年人或者残疾人的身心健康的。

（2）假冒他人专利的。

（3）贬低其他生产经营者的商品或者服务的。

（4）广告中未经同意使用他人名义、形象的。

（5）其他侵犯他人合法民事权益的。

【例 6—5】哈药六厂的违法广告

1996 年 10 月，哈尔滨制药六厂在哈尔滨电视台，并通过哈尔滨晓声广告公司代理，在《哈尔滨日报》《新晚报》《生活报》《黑龙江晨报》《哈尔滨广播电视报》发布 VEN 药品广告。广告中有“已获得国家专利”“专利号为 95108535.0”“出厂质量高于国家标准”“近日市场上出现了假冒仿制我厂生产的 VEN 药品，同样花钱何不买正宗”“请认准哈尔滨制药六厂正宗标志，独家生产”等内容。哈尔滨制药六厂共支付广告费用 279 380 元。经调查，哈尔滨制药六厂发布的 VEN 药品广告，将申请中的专利宣传为已获得国家专利，将专利申请号 95108535.0 宣传为已获得国家批准的专利号。该则 VEN 药品广告是经过黑龙江省卫生厅审查批准的。

依据《中华人民共和国广告法》第 11 条第 1 款“广告中涉及专利产品或者专利方法的，应当标明专利号和专利种类”和第 2 款“未取得专利权的，不得在广告中谎称取得专利权”的规定以及第 12 条“广告不得贬低其他生产经营者的商品或者服务”的规定，结合本案事实，足以认定哈尔滨制药六厂发布的 VEN 药品广告违法。依据《广告法》第 40 条的规定，应对哈尔滨制药六厂处以罚款，责令其修改 VEN 药品广告内容，撤掉有关“国家专利”“正宗标志”“独家生产正宗产品”等违法内容。对哈尔滨晓声广告公司、哈尔滨电视台、哈尔滨日报社、新晚报社、生活报社、黑龙江晨报社、哈尔滨广播电视报社，处以责令停止发布违法广告、通报批评、没收广告费用和罚款的处罚。

《广告法》第 45 条规定：“广告审查机关对违法的广告内容作出审查批准决定的，对直接负责的主管人员和其他直接责任人员，由其所在单位、上级机关、行政监察部门依法给以行政处分”。根据本规定，利用大众传播媒介发布药品、医疗器械、农药、兽药和法律、行政法规规定应进行审查的其他广告，必须在发布前由有关行政主管部门对广告内容进行审查。广告审查机关对违法广告内容作出审查批准决定，为违法广告发布提供了合法依据，同时，也损害了广告审查机关的尊严，必须承担法律责任。本案中，黑龙江省卫生厅对该则违法广告内容作出了审查批准决定，对直接负责的主管人员和其他直接责任人员，应由广告监督管理机关向卫生行政部门通报情况，由其所在单位、上级机关、行政监察部门依法给以行政处分。

第6节 银行卡有关法律规定

培训目标

→ 1. 了解法律法规中对银行卡犯罪的规定
→ 2. 熟悉银行卡业务管理办法

一、银行卡业务管理办法

《银行卡业务管理办法》由中国人民银行于1999年1月5日颁布，自1999年3月1日起施行。

1. 概述

为加强银行卡业务的管理，防范银行卡业务风险，维护商业银行、持卡人、特约单位及其他当事人的合法权益，依据《中华人民共和国中国人民银行法》《中华人民共和国商业银行法》《中华人民共和国外汇管理条例》及有关行政法规制定本办法。

凡在中华人民共和国境内办理银行卡业务的商业银行、持卡人、商户及其他当事人均应遵守本办法。

2. 发卡银行的权利

(1) 发卡银行有权审查申请人的资信状况、索取申请人的个人资料，并有权决定是否向申请人发卡及确定信用卡持卡人的透支额度。

(2) 发卡银行对持卡人透支有追偿权。对持卡人不在规定期限内归还透支款项的，发卡银行有权申请法律保护并依法追究持卡人或有关当事人的法律责任。

(3) 发卡银行对不遵守其章程规定的持卡人，有权取消其持卡人资格，并可授权有关单位收回其银行卡。

(4) 发卡银行对储值卡和IC卡内的电子钱包可不予挂失。

3. 发卡银行的义务

(1) 发卡银行应当向银行卡申请人提供有关银行卡的使用说明资料，包括章程、使用说明及收费标准。现有持卡人亦可索取上述资料。

(2) 发卡银行应当设立针对银行卡服务的公平、有效的投诉制度，并公开投诉程序和投诉电话。发卡银行对持卡人关于账务情况的查询和改正要求应当在30天内给予答复。

(3) 发卡银行向持卡人提供的银行卡对账单应当列出以下内容：

1) 交易金额、账户余额（贷记卡还应列出到期还款日、最低还款额、可用信用额度）。

2) 交易金额记入有关账户或自有关账户扣除的日期。

单元 6

3）交易记录号码。

4）作为支付对象的商户名称或代号（异地交易除外）。

5）查询或报告不符账务的地址或电话号码。

（4）发卡银行应当向持卡人提供银行卡挂失服务。

（5）发卡银行应当在有关卡的章程或使用说明中向持卡人说明密码的重要性及丢失的责任。

（6）发卡银行对持卡人的资信资料负有保密的责任。

4. 持卡人的权利

（1）持卡人享有发卡银行对其银行卡所承诺的各项服务的权利，有权监督服务质量并对不符服务质量进行投诉。

（2）申请人、持卡人有权知悉其选用的银行卡的功能、使用方法、收费项目、收费标准、适用利率及有关的计算公式。

（3）持卡人有权在规定时间内向发卡银行索取对账单，并有权要求对不符账务内容进行查询或改正。

（4）借记卡的挂失手续办妥后，持卡人不再承担相应卡账户资金变动的责任，司法机关、仲裁机关另有判决的除外。

（5）持卡人有权索取信用卡领用合约，并应妥善保管。

5. 持卡人的义务

（1）申请人应当向发卡银行提供真实的申请资料并按照发卡银行规定向其提供符合条件的担保。

（2）持卡人应当遵守发卡银行的章程及《领用合约》的有关条款。

（3）持卡人或保证人通信地址、职业等发生变化，应当及时书面通知发卡银行。

（4）持卡人不得以和商户发生纠纷为由拒绝支付所欠银行款项。

6. 罚则

任何单位和个人有下列情形之一的，根据《中华人民共和国刑法》及相关法规进行处理：

（1）骗领、冒用信用卡的。

（2）伪造、变造银行卡的。

（3）恶意透支的。

（4）利用银行卡及其机具欺诈银行资金的。

二、中华人民共和国法律法规中对银行卡犯罪的规定

1.《刑法》规定

妨害信用卡管理罪：明知是伪造的信用卡而持有、运输的，或者明知是伪造的空白信用卡而持有、运输，数量较大的；非法持有他人信用卡，数量较大的；使用虚假的身份证明骗领信用卡的；出售、购买、为他人提供伪造的信用卡或者以虚假的身份证明骗领信用卡的。

窃取、收买、非法提供信用卡信息罪：窃取、收买或者非法提供他人信用卡信息资

料的；银行或者其他金融机构的工作人员利用职务上的便利造成信用卡资料泄露的。

信用卡诈骗罪：使用伪造的信用卡，或者使用以虚假的身份证明骗领的信用卡的；使用作废的信用卡的；冒用他人信用卡的；恶意透支的。前款所称恶意透支，是指持卡人以非法占有为目的，超过规定限额或者规定期限透支，并且经发卡银行催收后仍不归还的行为。

非法经营罪：未经许可经营法律、行政法规规定的专营、专卖物品或者其他限制买卖的物品的；买卖进出口许可证、进出口原产地证明以及其他法律、行政法规规定的经营许可证或者批准文件的；其他严重扰乱市场秩序的非法经营行为。违反国家规定，使用销售点终端机具（POS 机）等方法，以虚构交易、虚开价格、现金退货等方式向信用卡持卡人直接支付现金，情节严重的，以非法经营罪定罪处罚。

2.《最高人民法院、最高人民检察院关于办理妨害信用卡管理刑事案件具体应用法律若干问题的解释》中规定

复制他人信用卡、将他人信用卡信息资料写入磁条介质、芯片或者以其他方法伪造信用卡 1 张以上的，应当认定为《刑法》第 177 条第 1 款第（四）项规定的“伪造信用卡”，以伪造金融票证罪定罪处罚。

明知是伪造的空白信用卡而持有、运输 10 张以上不满 100 张的，应当认定为《刑法》第 177 条之一第 1 款第（一）项规定的“数量较大”；非法持有他人信用卡 5 张以上不满 50 张的，应当认定为《刑法》第 177 条之一第 1 款第（二）项规定的“数量较大”。

违背他人意愿，使用其居民身份证、军官证、士兵证、港澳居民往来内地通行证、台湾居民往来大陆通行证、护照等身份证明申领信用卡的，或者使用伪造、变造的身份证明申领信用卡的，应当认定为《刑法》第 177 条之一第 1 款第（三）项规定的“使用虚假的身份证明骗领信用卡”。

持卡人以非法占有为目的，超过规定限额或者规定期限透支，并且经发卡银行两次催收后超过 3 个月仍不归还的，应当认定为《刑法》第 196 条规定的“恶意透支”。恶意透支，数额在 1 万元以上不满 10 万元的，应当认定为《刑法》第 196 条规定的“数额较大”；数额在 10 万元以上不满 100 万元的，应当认定为《刑法》第 196 条规定的“数额巨大”；数额在 100 万元以上的，应当认定为《刑法》第 196 条规定的“数额特别巨大”。

违反国家规定，使用销售点终端机具（POS 机）等方法，以虚构交易、虚开价格、现金退货等方式向信用卡持卡人直接支付现金，情节严重的，应当依据《刑法》第 225 条的规定，以非法经营罪定罪处罚。

3. 综合《刑法修正案》《民法》《合同法》等法律规定拒绝受理银行卡，收单银行可以向商户追究违约赔偿责任

向持卡人收取除货款外的刷卡手续费，收单银行可以向商户追究违约责任，并可以不当得利为由要求返还。

向持卡人提供套现服务，收单银行可终止商户受理银行卡资格并向商户追究违约赔偿责任。

收银员未核对刷卡者身份造成银行卡被他人冒用，商户将可能因未尽到“表面审查义务”承担全部或部分欺诈损失。

收银员冒用他人信用卡或以多刷卡、重复刷卡等方式或侵占持卡人资金，将构成诈骗罪或盗窃罪。商户或收银员刷假卡或协助他人刷假卡，将构成信用卡诈骗罪。

商户或收银员与伪卡团伙相勾结，盗录银行卡磁条信息，涉嫌共同犯罪，将构成伪造金融票证罪。

对于欺诈交易频发的商户，无论商户是否应对欺诈交易的损失负责，该商户有可能被列为“高风险商户”，并且承担欺诈交易的退单损失和被中国银联及信用卡公司罚款，或被收单银行停止其受理银行卡资格。

【例 6—6】拾卡取款

日前，北京铁路运输法院审结一起在自动柜员机拾卡取款的信用卡诈骗案件。经过开庭审理，28 岁的黑龙江省农民李双龙被依法以信用卡诈骗罪处以有期徒刑 6 个月，并处罚金。

李双龙交代，他跟同事去北京站售票厅，在兴业银行自动柜员机内要取钱时，插入自己的卡时，插不进去，屏幕上显示“是否打印收条”，他意识到取款机内有卡，随即继续操作，显示出取款余额，他接着按取款 1 000 元，机器吐出来 1 000 元，在利益的驱使下，他将失主张某某的中国邮政储蓄卡内人民币 8 000 元分 8 次取走。李双龙被当场抓获。

庭审中，显得文质彬彬、老实厚道的李双龙认罪态度一直很诚恳，交代犯罪过程语言清楚、条理清晰，在最后陈述中，他首先表达了对被害人的歉意，并且告诫后来人不要像他一样贪小便宜，希望法庭能对他从轻处罚。

北京铁路运输法院经审理后认为，被告人李双龙以非法占有为目的，冒用他人的信用卡骗取公民财物，数额较大，其行为侵犯了国家的金融管理制度和私人财产的所有权，已构成信用卡诈骗罪，应予惩处。鉴于被告人李双龙在本院审理期间能如实供述犯罪事实，认罪态度较好，涉案赃款全部起获并已发还失主，对被告人李双龙酌情从轻处罚。据此做出上述判决。